Cafe, Restaurant & Bar

Yatsugatake
Gourmet Guide
100

八ヶ岳デイズ編集部

JN055043

TOKYO
NEWS
BOOKS

CONTENTS

area 8 韮崎エリア……P079

area 9 富士見・原村エリア……P089

area 10 茅野エリア……P098

area 11 蓼科エリア……P107

area 12 諏訪エリア……P115

＊本書の掲載データは、2023年6月現在のものです。その後、各社・各施設の都合により変更される場合がありますので、予めご了承ください。
＊掲載した商品は本書発売期間中に売り切れる場合がございますので、予めご了承ください。
＊掲載された金額は一部を除きすべて税込みとなります。

アイコンの見かた

☑cafe ☑restaurant ☑bar … お店の営業スタイルを表しています。

… ランチ営業の有無 … お酒メニューの有無 … ペット同伴の可・不可 … 夜営業の有無 … 物販の有無
… テイクアウトの有無 … 電子マネーの可・不可

DATAの見かた

☎…電話番号 住…所在地 営…営業時間
休…休業日(年末年始や長期休暇期間などについては各社・各施設へお問い合わせください) P…駐車場の有無
交…アクセス 他…その他特記事項 HP…ホームページアドレス

大　泉 エリア

N° **001**

☐cafe ☑restaurant ☐bar

🍴 🍷 🐾 🌙 ⛺ 📷 🔊

山梨・北杜市

八ヶ岳倶楽部

やつがたけくらぶ

フルーツティーを楽しんだら
木漏れ日差し込む森で散策を

　八ヶ岳南麓のシンボル的存在であり、年月をかけて大切に手入れされてきた森の風景が自慢の『八ヶ岳倶楽部』。創設者である俳優の故・柳生博さんが家族やスタッフと共に作り上げた店だ。ここには"人と自然の仲のいい風景"が広がっている。カフェ・レストランのほか、一点物の作家作品や小物、ガーデニング商品や山野草を扱うショップを併設。開店以来の名物・フルーツティーは時間が経つ程に7種の果実の味が紅茶に溶け込み、最後の一滴が一番おいしい。

① 地元の旬の食材を使った、季節のパウンドケーキ¥580。② ゴロゴロ野菜のミネストローネプレート¥1,650。③ 枕木が敷かれた散策路のある森。春から夏にかけては花が咲き、緑に溢れる。④ 寒暖差が創り出す秋の紅葉は格段に鮮やかで美しい。⑤ ギャラリーショップ正面も撮影スポットにおすすめ。

①

②

③

④

⑤

DATA
☎ 0551・38・3395
🏠 山梨県北杜市大泉町西井出8240-2594
🕐 10:00～17:30(冬季11:00～16:30)
🈳 水(繁忙期は営業の場合あり)
🅿 あり
🚉 電車/JR小海線甲斐大泉駅より車で約3分、車/中央自動車道長坂ICより約20分
🌐 https://yatsugatake-club.com/

フルーツティー（小）1～2人分
¥1,890、（大）3～4人分¥2,860。
テラス席ではさまざまな野鳥のさえ
ずりを聞くことができる。時には森
の動物を見かけることも。冬はレス
トラン内から野鳥観察もできる。

□ cafe ☑ restaurant □ bar

山梨・北杜市
和色GOHAN
わしょくゴハン

重箱に入ったランチ膳
（¥2,000）。この日の小鉢は
揚げ出し豆腐、菜の花と長
芋のからし和えなど。2ヶ月
ごとにメニュー内容は一新。

四季折々の風景を表現する色鮮やかな和の世界

　旬の素材を使って丁寧に仕込んだ料理
に季節の花々を添えて、見た目も鮮やかな
和食料理を提供。お重スタイルが人気のラ
ンチ膳は、茶碗蒸しや刺し身、天ぷらなど、
9つの小鉢にごはんと味噌汁、甘味が付き、
気軽に懐石料理を楽しめる。ディナーでは、

2種類のコース料理を用意。洋食のコースか
と思わせる美しい盛り付けで、繊細な和の
世界を堪能できる。隣の川上村で採れる高
原野菜や、大泉産のお米、道の駅で見つけ
た食材など、地のものを積極的に取り入れ
ているのも特筆すべき点だ。

③

④

⑤

①

②

① コース料理（¥4,300〜）のメインは鹿児島県産の黒毛和牛。ニュージーランドやフランス、モナコなど、20代のほとんどを海外で過ごしたという店主の加藤真悟さんの感性が生かされている。② 季節の刺し身の盛り合わせ。③ 和風スープの大根と西洋ネギのすり流し。④ 鴨の治部煮。⑤ コースのデザートは黒豆のようかんとりんごのコンポート。⑥ 夫婦で改装した落ち着いた印象の店内。大きな窓からは、季節折々の風景が望める。華やかな和食と共にぜいたくなひと時を過ごしてみては。

⑥

DATA

☎ 0551·30·4313
🏠 山梨県北杜市大泉町西井出8641-2
🕐 11:30〜14:45（L.O.14:00）、
　 18:00〜21:00（最終入店19:30）
🈺 水（ディナー）、木
🅿 あり
🚃 電車/JR小海線甲斐大泉駅より車で約8分、
　 車/中央自動車道長坂ICより約4分
🆔 https://wasyoku-gohan.foodre.jp/

☐ cafe　☑ restaurant　☐ bar

山梨・北杜市

ダイニングカフェ Derra

ダイニングカフェ デラ

長年培った経験と技で 丁寧に仕上げるひと皿

　ジュージューと食欲をそそる音を立てて鉄板で供される、ハンバーグが名物。厚みのある丸いフォルムにナイフを入れると肉汁がじわりとにじみ出て、脂の芳香が漂う。その日の肉の状態を見ながら加減して焼き、表面は香ばしく、中は柔らかく仕上げるのがおいしさの秘訣。ふわふわの食感で、肉とタマネギの甘さも十分に感じられる。上質な豚を使用したとんかつも定番。

① タマネギをたっぷり使用した和風おろしハンバーグは優しい味わい。¥1,630。② 岩中豚ロースカツセット。岩手県北上地方で丹精込めて育てられた豚肉を130g使用。あっさりとした脂と赤身とのバランスが絶妙。新鮮なキャベツもたっぷり。¥1,600。③ アットホームな雰囲気の店内。④ 窓に向かって設けられたカウンター席。天気が良ければ富士山を一望する特等席だ。⑤ テラス席はペット連れもOK。

DATA

☎ 0551・35・9000
🏠 山梨県北杜市大泉町西井出8240-4910
🕚 11:00～14:30(L.O.14:00)、
　17:00～20:00(L.O.19:30)
🚫 火、水　Ⓟ あり
🚃 電車/JR小海線甲斐大泉駅より徒歩約10分、
　車/中央自動車道長坂ICより約15分
🈂 ペットはテラス席のみ可
🔗 https://www.cafederra.com/

①

☐ cafe ☑ restaurant ☐ bar

山梨・北杜市

Chinese restaurant HUKU笑i
チャイニーズ レストラン フクわらイ

無化調で仕上げる
素材にこだわる中華

　安心・安全をモットーに、化学調味料を使わない体に優しい中華料理をコンセプトに、種類豊富なメニューを提供。料理に使う野菜は、無農薬で育てられたものを地元の農家から仕入れる。中華料理に欠かせない調味料は、店主が試行錯誤の末に作り出したもの。既製品の調味料とはひと味もふた味も違うオリジナルの調味料が、料理の味をさらに奥深く仕上げている。

③

④

① フカヒレの姿煮。② 甲州牛の香味ソース。③ 地元の無農薬大豆で作られた豆腐を使用したスペシャリテの麻婆豆富。ピリッとした辛さがくせになる（料理はすべてコースの一例）。④ まるでカフェのようにお洒落で開放的な店。テラス席もある。

DATA
- ☎ 070・4381・0016
- 🏠 山梨県北杜市大泉町西井出8240-3559
- 🕐 11:30〜14:00、17:30〜22:00
- 🈺 水、木　🅿 あり
- 🚃 電車/JR小海線甲斐大泉駅より徒歩約9分、車/中央自動車道長坂ICより約12分

☐ cafe　☐ restaurant　☑ bar

① 一軒家のアイリッシュパブは日本ではここのみ。

山梨・北杜市

Irish Pub BULL & BEAR

アイリッシュパブ ブルアンドベア

八ヶ岳の標高が生むギネスの泡を楽しむ

"ゴンさん"と慕われる吉塚剛三さんと奥さんのあきさんが営むアイリッシュパブ。大泉の景色に魅了されたゴンさんは、1999年に東京から移住した。この地に本物のアイリッシュパブを作りたいとギネスの日本支社に相談し、2003年に営業を開始。パブに欠かせないギネスビールは、入れ方や管理方法をギネスからレクチャーを受けた。八ヶ岳は高い標高による気圧の変化でビールの泡が厚くなり、口当たりが格段にいい。

③

DATA
- ☎ 0551・38・3450
- ⊕ 山梨県北杜市大泉町谷戸5729-34
- 🕐 17:00〜22:00（L.O.フード20:45、ドリンク21:30）
- 🈲 月、火、1月中旬〜2月中旬　Ⓟ あり
- 🚗 電車/JR小海線甲斐大泉駅より車で約5分、車/中央自動車道長坂ICより約15分
- ⊕ ペットは小型、中型犬のみ可
- 🅗 www.pub-bullbear.com/

②

① 一軒家のアイリッシュパブは日本ではここのみ。建物の材料は全てアイルランドから取り寄せた。② ギネスビールは1pint¥1,000、3/4pint¥800、1/2pint¥600から選べる。ギネスビールにぴったりのフィッシュ＆チップス¥1,300もおすすめ。③ カウンター席には常連客が集う。

☐ cafe ☑ restaurant ☐ bar

🍴🍷🐾🌙🏠📷📱

山梨・北杜市

Prosciutteria Morimoto

プロシュッテリア モリモト

八ヶ岳の爽風で作る
絶品の生ハム

八ヶ岳の地で生ハムづくりに取りかかり、約5年がかりで"塩と八ヶ岳の風だけで作る生ハム"を生み出した森本慎治さん。2018年には生ハムブランド「Prosciutto di Yatsugatake」を立ち上げた。使うのは丁寧に下処理を行った甲州乳酸菌豚クリスタルポーク。森本さんがオーナーシェフを務める『Prosciutteria Morimoto』では、自家製無添加生ハムを、コースで味わえる。

① 東京の名イタリアンで腕を振るった森本慎治シェフ。② 山梨県産ブランド豚「甲州乳酸菌豚クリスタルポーク」を、天然塩と八ヶ岳の風のみで仕込んで作られる生ハム。塩気とうま味のバランスが抜群だ。③ コースの一例。ランチ¥6,000〜、ディナー¥10,000〜。④ 生ハムは2週間塩漬にする。⑤ 八ヶ岳の風を利用し自然乾燥・熟成させる。⑥ 大泉の閑静な森の中にひっそりと佇む。

DATA
☎ 080・7428・2966
🏠 山梨県北杜市大泉町西井出8240-3178
🕐 11:30〜13:00(L.O.12:30)、
　 17:30〜21:00(L.O.20:00)
🈺 日、月、火　🅿 あり
🚃 電車/JR小海線甲斐大泉駅より車で約7分、
　 車/中央自動車道長坂ICより約8分
🈠 前日までの完全予約制
🏠 http://morimoto-mt8.com/

大泉　長坂　小淵沢　高根　清里　白州　須玉　韮崎　富士見　原村　茅野　蓼科　諏訪

□ cafe ☑ restaurant □ bar

🍴 🍷 ♨ 🌙 🛍 🏨 📱 🔊

山梨・北杜市

森のやまびこ

もりのやまびこ

秘伝のタレが自慢の
関西風うなぎ

　主人の三浦啓美さんが焼き上げる関西風のうなぎが評判を呼び、客足が絶えない店。もともとは岐阜県で30年近くうなぎ店を営んでいたが、縁あってこの地に移転したという。使用するのは、上質な三河一色産。パリッと香ばしく焼き上げており、甘辛いタレとも絶妙にマッチしている。定番のまぶし丼の他に、うなぎとチーズをたっぷりのせたうなぎピザも人気。

①

③

④

① うなぎピザ¥2,000。山椒をかけて味わえば、ビールにもよく合う。② 細かく刻んだうなぎがのるボリューム満点のまぶし丼¥4,300。甘辛いタレとの絶妙なコンビネーションを楽しめる。ひつまぶし風に最後は茶漬けで味わう。③ 緑を望むテラスはペットもOK。④ コの字カウンターがメインの店内。まるでカフェのように明るい雰囲気だ。⑤ 休日ともなれば遠方からの客で混み合う人気店。

⑤

DATA
- ☎ 0551・38・3429
- 🏠 山梨県北杜市大泉町西井出8240-3102
- 🕐 11:00～14:00、17:00～20:00
- 📅 月、火、水、冬季休業（12～3月）
- 🅿 あり
- 🚃 電車/JR小海線甲斐大泉駅より徒歩約16分、車/中央自動車道長坂ICより車で約15分
- 🔵 ペットはテラス席のみ可

②

山梨・北杜市

ふらここ食堂

ふらここしょくどう

良質な素材を生かす、趣あふれる古民家イタリアン

築160年以上の古民家をこつこつと改修したイタリアンレストラン『ふらここ食堂』は、自然の中にいるようなやすらぎを感じられる。店に一歩踏み入れれば、広い土間越しに店主の高橋さん夫妻が笑顔で迎えてくれる。料理には採れたての地元野菜と、金沢から直送された新鮮な魚介類などを使用。素材そのものの味を生かすよう、食材の魅力を知り尽くしたシェフが一品一品、丹精込めて料理している。

① 建物の右が住居、左がレストラン。庭は季節の花で彩られる。店の前の大きな木からぶら下がるブランコもこの店のシンボル。
② 季節のおすすめピッツァ 北杜の恵み 野菜のピッツァ¥1,650。
③ 2階部分は、Studio Y.E'Sの石塚えみこさんの作品で、天然木のテーブルと椅子を使用。

DATA
☎ 0551・45・7227
🏠 山梨県北杜市大泉町谷戸3589
🕐 11:30〜14:00L.O.、17:30〜20:30L.O.
🚫 水、ほか不定休あり
🅿 あり
🚃 電車/JR中央線長坂駅より車で約10分、車/中央自動車道長坂ICより約10分
🏠 http://fracoco.net/

☐ cafe ☑ restaurant ☐ bar

🍴 🍷 🐾 🌙 👜 🏠 📱

山梨・北杜市

日野水牧場
ファームハウス

ひのみずぼくじょうファームハウス

ファームランチで
野菜のおいしさを再発見

　日野水さん一家の牧場内にあるカフェ。標高1,300m、青々と繁る牧草地を眺めながらいただく「ファームランチ」は、自家製ベーコンと野菜のスープに、サラダやパンなどが付いたボリューム満点のセット。直火で燻す手作りベーコンのうま味が野菜に染み込んだスープは、地元産の野菜がたっぷり。毎朝焼き上げるパンを自家製のルバーブジャムと味わうのも格別。

① 大きな窓から店内に光がいっぱいに差し込み、開放感を演出してくれる。② ファームランチ¥1,600はサラダと2種類のパンが付いてボリューム満点。③ 夏期には新鮮でみずみずしい朝採り野菜を販売している。④ 運が良ければかわいらしいヒツジたちが出迎えてくれることもある。⑤ 日野水さん一家は戦後の開拓の時代にこの地を切り開き、小さな牧場を経営してきた。

DATA

- ☎ 0551・38・4020
- 🏠 山梨県北杜市大泉町西井出8240-1708
- 🕙 10:00〜17:00
- 休 水、木(金は不定休)
  ※祝日の場合営業、冬季休業(12〜4月中旬)
- Ｐ あり
- 🚗 電車/JR小海線甲斐大泉駅より車で約5分、車/中央自動車道小淵沢IC・長坂ICより約15分
- 他 ペットはテラス席のみ可

🍴 🍷 🌳 🌙 🏔 💰 📶

山梨・北杜市

昼のふくろう

ひるのふくろう

自家焙煎コーヒーと
自家製スイーツを堪能

　ふくろうをモチーフにした作品を作り続けている蒲澤ごろすけさんと奥さんの知江さんが営むギャラリー＆カフェ。「おいしいコーヒーでおもてなしを」とこだわりのコーヒーと自家製スイーツを提供している。コーヒーは店先で自家焙煎しており、スイーツも全て知江さんの手作りだ。特に、サクサクの生地の中にりんごがぎっしり詰まったアップルパイは絶品。

① アップルパイ¥500。コーヒー¥500。② オーストラリアの伝統菓子、ラミントン¥400。黒糖カステラにチョコとコナッツをまぶしたスイーツだ。③ 蒲澤さんの作品がずらりと並ぶ。④ 森の中にひっそりと佇む。⑤ 店の近くの木に備えられた小屋には、時折野生のふくろうがやってくるという。⑥ 蒲澤さん夫妻はふくろうが好きで、ふくろうをモチーフにした作品を作り続けている。

DATA
☎ 0551・38・1511
🏠 山梨県北杜市大泉町谷戸8688-2
🕚 11:00～17:00
🈺 水、不定休
Ⓟ あり
🚃 電車/JR小海線甲斐小泉駅より
　　徒歩約9分、
　　車/中央自動車道小淵沢ICより約11分
🅗 ペットはデッキ席のみ可
🅗🅟 https://hirunofukurou.com/

① ② ③

⑥

□ cafe　☑ restaurant　□ bar

🍴 🍷 🐾 🌙 👜 📷 📱

山梨・北杜市

qui CUCINA ITALIANA

クイ クッチーナ イタリアーナ

地元食材の魅力を
知り尽くしたシェフ

　東京の有名イタリアンで研鑽を積んだオーナーシェフの田崎雄太さんは、地元・北杜市の出身。「東京にいた時も野菜を山梨から仕入れていましたが、地元へ戻り生産者との距離がより近くなりました。この距離感を大切にし、食材の素晴らしさをお客様へ伝えたいです」と笑顔で話す。コース料理のテーマは「八ヶ岳の恵み×その時最高のものを」。八ヶ岳食材の魅力を知り尽くしたシェフによる、最高のもてなしを受けられる。

① その日の詰め物のパスタ。写真はジャガイモとタレッジオチーズを詰めたもの。② 豚の肩ロース。料理は全てコースの一例で¥6,600、¥15,500（ディナーのみ）。③ オーナーシェフ・田崎雄太と智美さん。④ テイクアウト商品のqui 定番前菜盛り合わせ＋おつまみ（3〜4名分）¥5,940。⑤ ナチュラルな雰囲気の店内。⑥ プライベート感満点の隠れ家的なイタリアン。

DATA
☎ 0551・45・6198
🏠 山梨県北杜市大泉町西井出8240-8391
🕐 12:00〜15:30（最終入店12:30）、
　　17:30〜22:00（最終入店18:30）
🈺 水、木　ℙ あり
🚉 電車/JR小海線甲斐大泉駅より徒歩約10分、
　　車/中央自動車道長坂ICより約15分
🌐 https://qui-cucina.jp/

☑ cafe　☑ restaurant　☐ bar

山梨・北杜市

カフェテラス 煙の木

カフェテラス けむりのき

旬の野菜を
たっぷり味わえる

　八ヶ岳の山々に魅了され、この地で店を開いたという主人の小林久子さんが手掛けるカレーは、老若男女問わず好まれる家庭的で優しい味わい。しっかりと煮込んだ牛肉と野菜のうま味がルーに溶け出し、コクがある。トッピングの野菜は、地元で採れる旬のもの。冬ならレンコンなどの根菜、夏ならオクラやナスなど。とろりとまろやかなカレーは、体に元気をもたらしてくれる。

大泉
長坂
小淵沢
高根
清里
白州
須玉
韮崎
富士見
原村
茅野
蓼科
諏訪

① よくばりカレー¥1,200。② 緑が心地よいテラス席。ここではペットもOKだ。③ 店内には手作りの服や雑貨類がずらりと並ぶ。「生地は東京まで買いに行き、コツコツと作っています」と小林さん。すべて販売している。④ 小林さんが育てる山野草などの草花も目を楽しませてくれる。

DATA
☎ 0551・38・1368
🏠 山梨県北杜市大泉町西井出8240-3101
🕐 7:30〜17:00（モーニングは〜11:00）
🈺 火、水　Ⓟあり
🚃 電車/JR小海線甲斐大泉駅より
　　徒歩約15分、
　　車/中央自動車道長坂ICより約10分
🈺 ペットはテラス席のみ可

☐ cafe　☑ restaurant　☐ bar

🍴 🍷 🐾 🌙 👜 💼 📱

山梨・北杜市

パン食堂PUT

パンしょくどうプット

ぜいたくなファストフードで
お腹と心を満たす

　町で長年愛される『くのパン』の店主の息子・久野洸揮さんが、「本格的なハンバーガーをぜいたくに味わってほしい」という思いでオープン。カフェではなく"食堂"として、パンを使った食事メニューをしっかり堪能できる。人気のハンバーガーは、つなぎを一切使わない牛肉のパテに、新鮮な野菜、自家製マヨネーズを甘めのバンズではさみ、バランスのとれた味わいが魅力となっている。

①

③

④

① 手ごねならではのジューシーなパテが絶品のハンバーガーセット¥1,400〜。「テイクアウトもできるので気軽に立ち寄ってくださいね！」と店主の久野さんは話す。② ナチュラルな雰囲気のなか食事を楽しめる。③④ 地元で愛され続ける老舗『くのパン』に隣接している。⑤ キリンのオブジェもひときわ目を引く。

⑤

DATA

☎ 0551・30・4355
🏠 山梨県北杜市大泉町
　西井出8240-749
🕐 10:00〜16:00（L.O.15:00）
💤 月、火
🅿 あり
🚃 電車／JR小海線甲斐大泉駅より
　車で約5分、
　車／中央自動車道長坂ICより約9分
🌐 https://bakery-put.com/

②

①

山梨・北杜市

せらひうむ

スパイスを使いこなした多彩な野菜料理

　無農薬、無添加の食材を使用した体に優しい料理を提供。化学調味料を一切使用しない、体にスッとなじむ味に癒やされる。ひと皿に旬の野菜を使う多彩な料理が盛り込まれた、「せらひうむプレイト」が人気。国産の大豆を使って作る濃厚な味わいの豆腐のフライや、さつまいもとりんごの優しい甘さが感じられるきんとんなど、手間暇かけて作られたものばかり。調理法も味も多彩で、肉や魚はなくても満足感は十分。

① パプリカのトマト煮など7種類を味わえる「せらひうむプレイト」。季節により内容は変わる。¥1,400。② 自家製ドレッシングで味わうにんじんサラダ¥450。③ 明治時代の洋館の小学校をイメージしており、どこか教会に似た雰囲気も併せ持つ。

②

DATA
☎ 0551・38・0435
🏠 山梨県北杜市大泉町西井出8240-5523
🕐 12:00～17:00(第2・4日曜は～14:00)
🈺 月～金、1・2・12月　Ｐ あり
🚃 電車/JR小海線甲斐大泉駅より
　　車で約18分、
　　車/中央自動車道
　　小淵沢IC・長坂ICより約15分

③

N° **015**

☐ cafe ☑ restaurant ☐ bar

長 坂 エリア

山梨・北杜市

岳-GAKU-

がく

素材を生かす創作料理で
地域の台所の役割を担う

　和洋中の垣根を越えた多彩な創作料
理を提供。ランチは気軽に食べてほしいと
リーズナブルなメニューを用意し、ディナー
は高級食材を使ったコース料理がメイン。
「地元のお母さんたちが手抜きできるよう
に」と、テイクアウト用の総菜メニューも豊
富だ。DOROやのっぽ農園など、地元の生
産者から野菜を直接仕入れるほか、大泉
産の甲州サーモンやイワナも使用。「料理で
八ヶ岳の食材のおいしさを味わってほしい」
と店主の足立浩伸さんは明るく話す。

DATA
☎ 0551・88・9040
🏠 山梨県北杜市長坂町小荒間1913-21
🕐 11:30〜21:30（ディナーは前日までに要予約）
🏖 土、日、祝のみ営業　🅿 あり
🚉 電車/JR小海線甲斐大泉駅より徒歩約5分、
　車/中央自動車道小淵沢ICより約9分

① 「DOROごぼうのキャンプファイヤー」は、カツオだしで
煮てから揚げてあり、ゴボウの香りと食感を堪能できる。
② 大きな窓から日差しが降り注ぐ、開放的な店内。夏季
は店内の一角で地元産の野菜を販売。③ 山梨県産ワイ
ンやウイスキー、日本酒や焼酎などアルコール類も豊富。
④ 外壁や内装は足立さんが自ら塗り直したそう。

のっぽ農園の八ヶ岳大根を使った「焼きぶり大根」と富士見町産鹿ソーセージと八ヶ岳野菜のグリル。コース料理は¥2,750〜7,700。

☑ cafe　☐ restaurant　☐ bar

山梨・北杜市

良工房テラスカフェ ルルド

りょうこうぼうテラスカフェ ルルド

季節ごとの美しい眺めが楽しめるテラス席。正面に富士山を、左右には八ヶ岳と南アルプスを望む極上のパノラマ景観が待っている。

良工房の作品に触れ手作りの料理を楽しむ

　彫刻家の田原良作氏が設立した家具工房『ギャラリー良工房』に併設。テラス席からは富士山や八ヶ岳、南アルプスを望むことができる。贅沢この上ない眺望を開放し、人が集まる場所にしたいとの思いが、田原氏の夫人・イク子さんと息子の雅史さんがカフェを始めたきっかけだという。室内には、良工房の作品であるテーブルやイス、照明、オブジェなどを惜しげなく設置。一点一点手作りで仕上げた柔らかな質感の家具に実際に触れて座れば、そのぬくもりと優しさに包まれるような心地になる。

①

②

① 旅の思い出になる小物類なども数多く展示販売されている。② カフェで使用されているイスやテーブルは全て良工房の彫刻作品。店内からの眺めも素晴らしい。③ グアーシュ（パンorライス付き）は、ハンガリーの家庭の味。パプリカで味付けした牛肉とジャガイモが入った、コクのあるスープ料理だ。¥1,100。④ チキンカレーセット（サラダ・ドリンク付）¥1,350。辛さ控えめの優しい味だが、スパイスがしっかり香る一品。⑤ 左から田原良作さん、イク子さん、雅史さん。⑥ ギャラリーに併設されている。

⑥

DATA

☎ 0551・32・7155
🏠 山梨県北杜市長坂町白井沢2484-11
🕚 11:00～16:00
　（4～11月末の金・土・日のみ営業）
💤 4～11月末の月～木、12～3月末
🅿 あり
🚗 電車/JR中央本線小淵沢駅より車で8分、
　車/中央自動車道小淵沢IC・長坂ICから
　車で約15分
🐾 ペットはテラス席のみ可
🏠 ryokobo.net/news/
　6105ec6384ca636859c7ece2

☐ cafe ☑ restaurant ☐ bar

山梨・北杜市

田舎手打ちそば
くろべえ

いなかてうちそば くろべえ

香りと食感にこだわる
丹精込めた手打ちそば

　そばに使う粉は、北杜市産を中心にブレンド。その日の気温や湿度によって水の配合や力の入れ具合を調整しながら、ほど良い食感のあるそばに仕上げていく。かつおをしっかりと利かせた甘めのつゆに付けて一口すると、香りがふんわりと口の中に広がり、より一層そばの味を際立たせる。風情溢れる田舎の家の座敷で、田園風景を眺めつつ、そばや一品料理を楽しみたい。

① 天ざる¥1,600。② 3月から10月ごろにかけて店主の田中さんが昇仙峡で釣ってきた時にのみ供されるヤマメの塩焼き。③ そば粉とそば湯のみで練り上げたそばようかん¥300。食事の最初にも一口サイズが供される。④ 築60年余りの座敷から四季折々の庭の景色を一望。

DATA
📞 080·6292·4537
🏠 山梨県北杜市長坂町白井沢中尾根792
🕐 11:00〜15:00
　　（土の夜のみ18:00〜20:00も営業）
🚫 金　🅿 あり
🚃 電車/JR中央本線長坂駅より車で約6分、
　　車/中央自動車道長坂ICより約6分
🐾 ペットは屋外の席のみ可
🌐 www.soba-kurobee.com/

☐ cafe　☑ restaurant　☐ bar

🍴 🍷 🐾 🌙 🏠 🏨 📱

山梨・北杜市

素透撫 stove

すとうぶ

麗しく体に優しい料理を
五感で味わう

『素透撫』の建物は、文人画家・小林勇(冬青)の旧宅を鎌倉から移築したもの。内装設計を現代美術家の杉本博司、榊田倫之が手掛けた。『素透撫』の名は「素材を透明になるまで撫でるように慈しみなさい」という、杉本氏からの料理人に対するメッセージ。安全性に対して高い意識を持つ生産者の食材を使用し、グルテンフリーで栄養バランスの良い創作フレンチを提供する。

① ランチ¥6,000〜、ディナー¥11,000〜のコース設定。料理はコースの一例。②③コース料理の一例。④ヒバの一枚板の8メートルのカウンターからは、四季折々の景色が楽しめる。⑤『素透撫』は清春芸術村に隣接している。文人画家・小林勇の旧宅「冬青庵」(命名:幸田露伴)が、現代美術家・杉本博司の手により新たに生まれ変わった。

DATA

☎ 0551・45・7703
⊕ 山梨県北杜市長坂町中丸4551
🕐 12:00〜15:30(L.O.13:00)、
　 18:00〜21:30(L.O.19:30)
🚫 月、火(祝日の場合営業)　🅿 あり
🚗 電車/JR中央本線長坂駅より車で約5分、
　 車/中央自動車道長坂ICより約10分
⊕ 完全予約制。3日前までに要予約
🌐 stove-kiyoharu.com/

☑ cafe　☑ restaurant　☐ bar

①

山梨・北杜市

mountain＊mountain w/cafe flat

マウンテン マウンテン ウィズ カフェ フラット

オリジナリティー溢れる創作エスニック料理

　報道カメラマンとして撮影のために海外を渡り歩いた後、都内のレストランでシェフとして腕を振るってきた山下宏史さんが、縁あって八ヶ岳南麓に移住してきたのは2014年のこと。1年かけて自分の手で店舗をつくりあげ、多国籍料理店をオープン。40種以上のスパイスを駆使し、地元産の食材と合わせたオリジナル料理の数々は、タイやベトナム、香港などを巡った際に得た知識をもとに再現したものだそう。

DATA
☎ 0551·45·6797
🏠 山梨県北杜市長坂町日野491-7
🕐 11:30〜14:00L.O.、18:00〜21:00L.O.、金、土はカフェタイムとして14:00〜16:00も営業
🈳 月、火　🅿 あり
🚃 電車/JR中央本線長坂駅より車で約10分、車/中央自動車道長坂ICより約5分
🈂 ペットはテラス席のみ可　🆔 mountain-mountain.jp/

②

① 店内は木の風合いをそのまま生かしたガレージ風。② 汁なし担々麺（四川式）。ランチは常時8〜10種類を用意。サラダ、前菜、えびせん、メイン、ドリンク付きで¥1,690。③ テラス席も完成しペットと一緒に過ごせるようになった。

☑ cafe ☑ restaurant ☐ bar

山梨・北杜市

Community Cafe
たんぽぽ食堂

コミュニティーカフェ たんぽぽしょくどう

地域に根ざした
コミュニティーカフェ

　地元の有機野菜を使った"お母さんの味"に出合える食堂。ひとり暮らしの高齢者に弁当の宅配や、総菜の販売を行うなど、地域に根ざした空間にもなっている。無農薬の旬の揚げ野菜が添えられた「たんぽぽカレー」が一番の人気。ピューレ状にしたトマトの甘さが引き立つ一品だ。メニューに使う食材は主に、無添加の食品や調味料を使った生活クラブのもの。

大泉
長坂
小淵沢
高根
清里
白州
須玉
韮崎
富士見
原村
茅野
蓼科
諏訪

① たんぽぽカレー¥1,100。カレールーやスパイスは安心食材の提供で知られる生活クラブのものを使用。② 採れたての新鮮な野菜は地域の提携農家から仕入れている。③ 店内では、プラスチックフリーを掲げ、小麦、大豆、国産菜種油などを量り売りで販売している。④ 長坂ICのすぐ近くに立地している。

DATA
☎ 0551・45・6890
🏠 山梨県北杜市長坂町大八田3913
🕐 11:30〜16:00
🈺 日、月
🅿 あり
🚉 電車/JR中央本線長坂駅より車で約5分、車/中央自動車道長坂ICより約2分
🈂 ランチ営業は火、水、木

☑ cafe　☑ restaurant　☐ bar

山梨・北杜市

OWL

アウル

香り豊かなスパイスと
爽やかな辛さ

　かつてこの場所でカフェを営んでいた店主の島村雅己さんと、高根町で長年インドカレー店を営んでいた奥さんの店が合体してひとつに。評判だったパンケーキとカレーが一度に味わえるとあり、地元の人にも人気だ。カレーは鶏もも肉をじっくり煮込んだムルギカレーと、動物性の食材を一切使わない野菜カレー、合いびき肉をたっぷりと使用したキーマカレーの3種類。全てを味わえる「トリプルプレート」も好評だ。

3種類のカレーが味わえるトリプルプレート¥1,600。キーマカレーは辛いのが苦手な人でもOKのまろやかさ。サラダ、自家製ピクルス、ライス、丸ナンが付く。

①

②

③

DATA

☎ 0551・32・6002
🏠 山梨県北杜市長坂町富岡1-1
🕐 11:30〜17:00　🈺 火、水　🅿 あり
🚃 電車/JR中央本線日野春駅より徒歩約5分、車/中央自動車道須玉ICより約9分
🌐 owlstyle.com/owlstyle.html

④

⑤

① スパイスが多く並べられている店内。② バナナはちみつホイップ¥900。③ 店内はペット同伴OK。④ ⑤ 店内外でいろいろな国のアウル（フクロウ）達がお出迎え。

①

山梨・北杜市

Bluelei Coffee

ブルーレイ コーヒー

南八ヶ岳の生活を楽しむ人が集まる店

長坂駅から商店街を約600メートル進んだY字路に立つ喫茶店。南八ヶ岳での生活を楽しむ人々の社交の場にもなっている。地元の人や移住者が分け隔てなく、自然と語り合い交流するような、アットホームな雰囲気は魅力的。こだわりのコーヒーと、4日かけて煮込むカレーは特に評判だ。ヨーグルトマフィン（¥150）や、カレーの後のデザートとして最適なスイーツもおすすめ。酸味が効いて甘さ控えめな味わいだ。

① タマネギに国産牛、さらにたくさんの野菜が4日間、煮込まれて溶け合って響きあう、濃厚な「牛肉とかし込みカレー」¥1,000。② チンバリ社のエスプレッソマシンで入れる本格的なカプチーノ。③ 地元の人と移住者が自然と集まる空間。

②

③

DATA
☎ 0551・32・2110
⊕ 山梨県北杜市長坂町長坂上条2313
⏰ 10:00〜18:00
　（食事はランチタイムのみ）
🈁 日　Ⓟ あり
🚗 電車/JR中央本線長坂駅より
　　徒歩約8分、
　　車/中央自動車道長坂ICより約4分

☐ cafe ☑ restaurant ☐ bar

🍴 🍷 🐾 🌙 👜 🗄 📱

山梨・北杜市

中国料理 照坊ず

ちゅうごくりょうり てるぼうず

素材のうま味が凝縮した
本格中国料理を提供

　千葉県から移住した杉山照夫さん、良恵さん夫妻が長坂町に中国料理店を開いて20年が経つ。季節の野菜が中心の料理は、優しい味わいで素材の良さを引き立たせる上品な上海系。地元産の野菜はもちろん、長野や静岡など、遠方まで足を延ばして仕入れたこだわりの食材は、一瞬で火を通すため素材のうま味や鮮やかな色合いがそのまま料理に生きている。

①

③

①限定10食のランチコース¥1,900。これに白米や中国茶が付く。ディナーコースは¥4,000～。②店内は肩肘を張らずにのんびりできる空間。③4種の辛味をブレンドしたオリジナルスープが絶妙な「ぴり辛ゴマ入スープ麺」¥1,200。④別荘を改装した店舗はアットホームな雰囲気。

④

DATA
📞 0551・32・2676
🏠 山梨県北杜市長坂町小荒間1913-25
🕐 11:30～14:30（L.O.13:30）、
　 17:30～20:30（L.O.19:30）
📅 月、火、そのほか不定休あり
🅿 あり
🚃 電車/JR中央本線甲斐小泉駅より徒歩約5分、
　 車/中央自動車道小淵沢ICより約10分

②

山梨・北杜市

成駒屋

なりこまや

昔から変わらない
心の味が今なおここに

　もちもちの麺が真っ黒なスープに浸かっ
たつゆだくの焼きそば「名代やきそば」で有
名な『成駒屋』が、長坂駅近くに移転。後継
者が見つからず閉店の危機に瀕していた
が、同町で生まれ育った伊藤享さんが店を
継承することになった。伝統の味を守り続
けると同時に、人気メニューであった炒飯
など昔のメニューも復活。夜は前日までの
予約で居酒屋としても営業している。

大泉

長坂

小淵沢

高根

清里

白州

須玉

韮崎

原村　富士見

茅野

蓼科

諏訪

① 名代やきそば（並）¥900。一見、麺しかないようだが、麺
の下にはキャベツと豚肉が入っている。汁は見た目と違っ
て濃すぎずダシが効いている。② 炒飯¥750。③ テーブル
席やボックス席のほか、座敷もある。④「武の井酒造」の
「青煌」を全種類味わえる。⑤ 夜は「居酒屋 成駒」として
営業。この暖簾が目印だ。⑥ 2021年3月に移転。

DATA

☎ 0551・32・2459
🏠 山梨県北杜市長坂町長坂上条2575-118
🕙 11:00〜14:30（L.O.14:00）、17:00〜24:00（L.O.23:00）
🈺 月に4回。Facebook、Instagram、Twitterを確認
🅿 あり
🚃 電車/JR中央本線長坂駅より徒歩約2分、
　　車/中央自動車道長坂ICより約6分
ℹ️ 夜は前日までの予約で営業。
　　20:00以降客が居なくなったら閉店。
🌐 www.facebook.com/profile.php?id=
　　100064752291977

小淵沢 エリア

Nº **025**

☑cafe ☐restaurant ☐bar

山梨・北杜市

BACK COUNTRY Burger&Café 八ヶ岳本店

バックカントリーバーガーアンドカフェ
やつがたけほんてん

オリジナリティー豊かな バーガーやスイーツ

　甲府市にハンバーガー専門店、甲斐市にカフェを展開する『バックカントリー』が、ハンバーガーとカフェメニューを一緒に楽しめる店を2022年にオープンした。ハンバーガーのパテは甲州ワインビーフを使用。肉の味が濃いグルメバーガーとは違い、世代を問わず食べやすく焼き上げているのが特徴だ。白州産スモークベーコンの薫香が肉のおいしさをさらに引き立て、かぶりついた瞬間にうま味とコク、芳香が口いっぱいに広がる。パンは地元のパン店に頼んでオリジナルレシピで焼いてもらったもの。

① 右／野辺山の滝沢牧場のミルクアイスをのせたコーヒーゼリー¥495。左／八ヶ岳高原牛乳を使用した、昔懐かしい食感の自家製プリン¥462。② ナチュラルなインテリアでまとめられた明るい店内。先に注文をしてからテーブルへ。③ 南アルプスの眺望を楽しみながらハンバーガーを楽しめる。

③

DATA
☎0551・45・6923
🏠山梨県北杜市小淵沢町10157-1
🕐11:00〜20:00(L.O.19:30)
💤無休　🅿あり
🚃電車/JR中央本線小淵沢駅より
　車で約4分、
　車/中央自動車道小淵沢ICより約4分
🐾ペットはテラス席のみ可

ボリューム満点のベーコンチーズバーガー
¥1,485。まろやかなバーベキューソースと
オーロラソースでまとめられ、食べやすい。

□ cafe ☑ restaurant □ bar

山梨・北杜市

ハーベストテラス八ヶ岳

ハーベストテラスやつがたけ

季節の野菜とバルサミコソースで仕上げた富士桜ポークのグリル¥2,700。テーブルの上を彩ってくれる、見た目も華やかな一品だ。

目の前に広がる畑から届く野菜を五感で味わう

　目の前に広がるのは緑まぶしい広大な畑と、南アルプスの山々の雄大なパノラマ。この畑で採れる野菜を使った料理が楽しめるのが『ハーベストテラス八ヶ岳』だ。1年で30〜40種の野菜が作られるだけあって、料理に使われる野菜も種類豊富。「特にサラダにこだわっています」と、オーナーの藤田勝之さんは話す。小松菜やスティックセニョールなどどれもみずみずしく甘味も抜群だ。ニンジンや玉ねぎをたっぷりと使った自家製ドレッシングとの相性も良く、まさに体が喜ぶ味わいとなっている。

① 湧水マスとゴロゴロ野菜のサラダ。
② よつぼしイチゴのパフェ¥1,000。フ
ルーツ王国山梨の旬の果物を使った
パフェを季節ごとに提供している。③
気候のいい時期はテラスで食事もおす
すめ。店内にはテーブル席のほか奥に
は半個室もある。④「春野菜のミート
ソース」など、季節限定のパスタも人
気。⑤ 店内では奥さんのあきこさん
がプロデュースするハーブティーやアロ
マも販売。ふるさと納税の返礼品にも
なっている。⑥ 抜群の眺望を楽しみ
ながら料理が味わえる。

DATA
☎ 0551・36・8100
🏠 山梨県北杜市小淵沢町4869-1
🕐 11:00〜15:30（L.O.14:30）、
　 18:00〜21:00（L.O.20:00）
🈳 水（季節により火も休みの場合あり。
　 HPまたは電話で要確認）
🅿 あり
🚃 電車/JR中央本線小淵沢駅より車で約6分、
　 車/中央自動車道小淵沢ICより約3分
ℹ️ カーナビで検索する場合は
　 「山梨県北杜市小淵沢町5022」と入力、
　 ペットはテラス席のみ可
🏠 harvest-t.jp/

☑ cafe　☑ restaurant　☐ bar

🍴 🍷 🐾 🌙 👜 🏠 📱

山梨・北杜市

トレカバロ

乗馬を楽しんだ後は
本格イタリアンに舌鼓

『八ヶ岳ロングライディングクラブ』内にある、本格的なイタリアンレストラン。軽井沢で腕を鳴らした凄腕シェフの佐藤揚さんが作るイタリアンで、本場の味を楽しめる。人気の一品は、鹿児島県産の柔らかい黒毛和牛のランプ肉をミディアムレアで焼き上げたグリル。地元産の無農薬野菜をまろやかなソースで味わうバーニャカウダも絶品だ。さらに八ヶ岳界隈で子どもが乗馬できる施設が数少ないことから、特製キッズプレートもラインナップ。まさに高原リゾートならではの休日を楽しめる。

① 八ヶ岳牛乳を使用した濃厚なプリンはテイクアウトにも人気。プラス¥380でランチのデザートにも。② シンプルモダンな雰囲気でまとめられた明るい店内。大きな窓からは馬場を一望できる。③ 馬場ではかわいい馬たちがお出迎え。④ 乗馬スクールも開催する『八ヶ岳ロングライディングクラブ』内にある。

DATA
④
📞 0551・35・9275
🏠 山梨県北杜市小淵沢町10265 2F
🕐 10:30〜15:30、
　 15:30〜17:00（Cafeテイクアウト）、
　 17:00〜21:00
休 火（不定休あり）　🅿 あり
🚋 電車/中央本線小淵沢駅より車で約6分、
　 車/中央自動車道小淵沢ICより約5分
🌐 trecavallo.com/

Ａランチ（¥1,380）の一例。サラダ、
季節の野菜、スープ、パスタが付く。
写真は信州ポークの自家製サルシッ
チャと高原野菜のスパゲティ。

☑ cafe　☐ restaurant　☐ bar

山梨・北杜市

yard
small,good things

ヤード スモールグッドシングス

毎日でも訪れたい味と
雰囲気づくりを大切に

　小淵沢で35年以上、観光客に愛され続けるペンション『WARMINGUP』が2022年にカフェをオープンした。メニューを手掛けるのは店主の浦部良さんと、妻の文江さん。評判を呼んでいるのは、土日限定で提供するコーヒーゼリーパフェ。ゼリーに使う豆は、長野県茅野市の『モリノコーヒー』のものを使用。クリアな味わいのコーヒーを丁寧にドリップして仕上げるゼリーは、ほんのり甘くほろ苦く、口に入れた瞬間に芳香がふわっと香り立つ。カフェが気に入ってペンションに泊まる、という人がいるのも納得。

① 土日限定のコーヒーゼリーパフェ¥600。レモン果汁が入ってしっとりと柔らかいウイークエンドシトロン¥360。② 店内の書棚には本がずらり。「このあたりは書店がないので、本を読むきっかけになれば」と販売もしている。③ 浦部さんが好きなものを集めたインテリアはセンス抜群で温かい雰囲気。④ どこか懐かしい洋風の建物。

DATA

☎ 0551·36·4171
⊕ 山梨県北杜市小淵沢町上笹尾3332-1218
🕐 12:00〜16:30　🅗 火、水　🅿 あり
🚌 電車/JR中央本線小淵沢駅より車で5分、
　　車/中央自動車道小淵沢ICより約5分

イタリア製のパン、チャバタを使うたまごのサンドイッチベーコンのせ￥500、フライドポテト￥400、『モリノコーヒー』の豆でハンドドリップしたコーヒー￥400。

大泉　長坂　**小淵沢**　高根　清里　白州　須玉　韮崎　原村　富士見　茅野　蓼科　諏訪

☑ cafe ☑ restaurant ☐ bar

① 緑豊かな森を背に立つ。

山梨・北杜市

パスタ＆ピザガーデン マジョラム

多彩な料理で食の魅力を発信

　店主の政本浩さん一家が、関東周辺を巡った末にたどり着いた八ヶ岳南麓にて開業したイタリアンレストラン。創業以来続く秘伝の自家製ガーリックオイルをベースに、独創的な料理を提供している。22周年を迎えた2023年、政本さんの長女がマネジャーに就任するなど、なおも進化し続けるマジョラム。その礎を築いた政本さん夫妻に加えて、シェフとマネジャーを中心に若いスタッフ達が新たな魅力を熟成していく。

① 緑豊かな森を背に立つ。店舗前のナチュラルガーデンには、花々が咲き誇る。テラス席はペットも同伴可能。② ディナーコースの前菜盛り合わせ1人前。単品の場合は2人前で¥2,500。③ 活気に溢れるスタッフたちの声が響く店内。

DATA

☎ 0551·36·4620　🏠 山梨県北杜市小淵沢町1558-5
🕐 11:30〜14:30(L.O.)、17:00〜20:30(L.O.)
🚫 火、水 ※7·9月は水曜·第1火、8月は水(お盆期間は営業)　Ⓟ あり
🚃 電車/R中央本線小淵沢駅より車で約5分、車/中央自動車道小淵沢ICより約3分
🌐 ペットは全天候型テラス席と庭園席のみ可　ＨＰ marjoram-kobuchizawa.com

🍴🍷🐝🌙🏠📷📱

山梨・北杜市

Bistro Bugaboo

ビストロ バガブー

クライミング好きのシェフが
腕をふるうリヨン料理

　柴田広海シェフは、趣味のクライミングと仕事を楽しむために八ヶ岳へ移住。「クライマーをはじめ多くの人に、気軽に料理やワインを楽しんで欲しい」と、この店を始めた。供するのはリヨン料理が中心。フランスの美食の街・リヨンで「ブション」と呼ばれるビストロの料理を、湧水で育てられた鯉や柔らかい甲州乳酸菌豚クリスタルポーク、ジビエなどで再現している。

① 甲州ワインビーフの牛カツ。② パテアンクルート。③ 仔羊のロースト。④ このエリアでは希少なフレンチビストロ。店内は落ち着いた雰囲気だ。東京でリヨン料理に出会い、腕を磨いた柴田シェフが腕を振るう。ランチ¥2,500～、ディナー¥3,800～。

DATA
☎ 0551·45·6843
🏠 山梨県北杜市小淵沢町1028-1
🕐 11:30～15:00（L.O.14:00）
　　17:30～22:00（L.O.20:30）
🈳 火、水
🅿 小淵沢第3駐車場を利用
　　（最初の1時間無料、以降1時間100円）
🚃 電車/JR中央本線小淵沢駅より徒歩約1分、車/中央自動車道小淵沢ICより約3分
🆔 www.bistrobugaboo.com/

大泉
長坂
小淵沢
高根
清里
白州
須玉
韮崎
原村
富士見
茅野
蓼科
諏訪

☐ cafe ☑ restaurant ☐ bar

山梨・北杜市

秀よし

ひでよし

和や洋の調理法を使い
独創的な和食を提案

　和食をベースにした独創的なひと皿を楽しめる店。とはいえ、奇をてらうわけではなく、「あくまで素材ありきです」と主人の櫻井秀義さんはいう。野菜は地元の農家から無農薬のものを中心に仕入れ、魚は奥様の実家である富山県氷見市ほか全国から新鮮なものが届く。冬には脂がのった寒ブリを西京漬けにし、冷燻するなど素材のおいしさを引き出すことに余念がない。

① ¥8,800のコースの一例、花びらタコと花山葵のサラダ仕立て梅肉のビネグレットソース。柔らかいタコは北海道産を使用。② ¥8,800コースの一例、イカしんじょ。氷見産のスミイカをダシや山芋とともにしんじょに仕上げたひと皿。③ 紅芯大根のから揚げ¥770。甘味が強い大根は揚げることでさらにおいしさが凝縮される。④ 店主の櫻井秀義さん。⑤ 落ち着いた和モダンで統一された店内。

DATA

- ☎ 0551・36・4270
- 🏠 山梨県北杜市小淵沢町上笹尾3332-171
- 🕐 17:00〜21:30ごろ(季節によって変動あり)
- 🈳 木、第2水、そのほか不定休
- Ⓟ あり
- 🚃 電車/JR中央本線小淵沢駅より車で約5分、車/中央自動車道小淵沢ICより約5分
- 🈺 完全予約制
- 🅗 kobuchizawa.net/hideyoshi/

☐ cafe　☑ restaurant　☐ bar

🍴 🍷 🦋 🌙 🏠 🖼 📱

山梨・北杜市

Braceria ROTONDO
ブラッチェリーア ロトンド

八ヶ岳でしか味わえない
本場仕込みのイタリアン

　東京・広尾で人気のイタリアンの2号店。東京の名店やイタリア・ピエモンテ州トリノ郊外で研鑽を重ねたオーナーシェフ・丸原正直さんが織りなす本格派イタリアンを楽しめる。野菜は小淵沢や韮崎などの契約農家から直送。オーガニックや珍しい外国野菜などを栽培する農家とも手を結び、種類豊富な野菜を駆使しながらサラダやパスタ、ピザを手掛けている。

① ビスマルク¥1,800。小淵沢野菜の原木しいたけ、白州産のタモギタケ、フルティカトマト、平飼いでストレスがない鶏の黄身が白い卵を使用。② 肉の炭火焼き盛り合わせ¥5,000もおすすめ。③ 店内はナチュラルな雰囲気。ゆったりと広く明るい空間で、ゆっくり過ごせる。④ 店の外にはテラス席もあり、居心地は抜群。

DATA
☎ 0551・30・7612
🏠 山梨県北杜市小淵沢町2968-1 道の駅こぶちさわ内
🕐 11:00～15:30（L.O.15:00）、
　 17:00～21:00（L.O.20:00）
🗓 不定休　Ⓟ あり
🚗 電車/JR中央本線小淵沢駅より車で約6分、
　 車/中央自動車道小淵沢ICより約4分
🐾 ペットはテラス席のみ可
🌐 rotondo-international.com/

☑ cafe ☑ restaurant ☐ bar

①

山梨・北杜市

奏樹カフェ&ダイニング

そうじゅ カフェ アンド ダイニング

山の恵み、森の清々しさを感じつつ体を美しく整える

　四方を緑に囲まれた『女神の森セントラルガーデン』内にある。ひとたび足を踏み入れると、自然の中にふんわりと溶け込むような錯覚を覚え、思わず深呼吸してしまいたくなるほどの清々しさを感じられるだろ

う。その中にあるカフェでいただけるのは、農薬を使わずゆっくり育てられた野菜を中心とするオーガニック料理。ほかにもカフェメニューやドリンクに至るまで、素材を生かした品々が揃う。

③

DATA
☎ 0551·36·5002（直通）
🏠 山梨県北杜市小淵沢町1578
🕐 11:30～15:00（ランチL.O.14:00）
　　※営業時間は変更になる場合あり、要確認
🈺 水（4～8月）、水・木（9～3月）、冬季休業あり　Ⓟ あり
🚃 電車/JR中央本線小淵沢駅より車で約6分、
　　車/中央自動車道小淵沢ICより約4分
🆎 www.soujyu.megaminomori.com/

②

① 中庭にはリスや小鳥が顔を出す。② オーガニックのコーヒー豆で入れたアイスコーヒーや3年熟成させた三年番茶など、ドリンクメニューも豊富に揃う。③ 関連会社で製造する自然食品や日用品が購入できるショップを併設。

☑ cafe　☐ restaurant　☐ bar

山梨・北杜市

terasaki coffee kobuchisawa

テラサキコーヒー コブチサワ

生産地への思いを 極上の一杯にのせて

　甲府のコーヒースタンド『寺崎コーヒー』の3号店。浅煎りで素材の持ち味を引き出し、豊かな香りと複雑な味わいを楽しめるコーヒーを提供する。「スペシャリティーコーヒーを日常生活に落とし込みたい」という信念を貫く店主の寺崎亮さん。産地や生産者も大切にしており、実際にエチオピアの農園を訪れたり、ホンジュラスの生産者からは直接豆を購入している。

①「ファゼンジーニャ」¥450。ラズベリーチョコマフィン¥420を添えて。②ハンドドリップで丁寧に入れるコーヒーは栗色の美しい色合いが特徴。③種類豊富な焼き菓子はテイクアウトしてお土産にする人も多い。④最新のエスプレッソマシンで入れるカプチーノやラテもおすすめ。⑤2階のカウンター席は自然豊かな小淵沢の景色が楽しめる。特等席だ。⑥甲府のコーヒースタンドの3号店。

DATA
☎ 0551・33・9590
🏠 山梨県北杜市小淵沢町10184-2
🕐 9:30〜17:00
　（冬季10:00〜16:00）
休 木　Ｐ あり
🚃 電車/JR中央本線小淵沢駅より
　車で約8分、
　車/中央自動車道小淵沢ICより約6分

高　根 エリア

□ cafe　☑ restaurant　□ bar

山梨・北杜市

中村農場
なかむらのうじょう

専門農家が届ける
こだわりの鶏肉&卵料理

　八ヶ岳南麓の豊かな自然の中で、こだわりの鶏肉と卵を生産販売する中村農場直営の食事処。一番人気は親子丼で、とろとろの卵とうま味たっぷりの鶏肉が絡み合う絶妙な味わいにリピーターが続出している。濃厚な八ヶ岳卵とオリーブオイルの香りが格別で、贈り物にも最適な「八ヶ岳マヨネーズ」や「八ヶ岳かすてら」など、オリジナル商品も多く販売している。

① 中村農場自慢の鶏肉と卵のおいしさが一度に味わえる親子丼¥1,190。② 八ヶ岳かすてらハーフ¥918。食べた瞬間、濃厚な卵のコクと香りが口の中いっぱいに広がる大ヒット商品。③ 八ヶ岳マヨネーズ¥982。濃厚な八ヶ岳卵とオリーブオイルの香りが格別。④ 直売所を併設。おみやげ選びにもぜひ立ち寄りたい。

DATA
- ☎ 0551・47・5030
- 🏠 山梨県北杜市高根町東井出4986-524
- 🕐 食事処11:00〜14:00(直売所10:00〜17:00)
- 🈺 火、水　🅿 あり
- 🚉 電車/JR小海線甲斐大泉駅より車で約5分、車/中央自動車道小淵沢ICより約20分
- 🌐 nakamuranojo.com/

🍴🍷🐾🌙🛍📷📱

山梨・北杜市

キッチンオハナ

古民家カフェでいただく
体に良いランチプレート

　築60年の古民家を、店主の石野太生輔さんが自らリフォームして造った食堂＆カフェ。どこか懐かしい雰囲気が漂う店内で味わえるのは、植物性の材料のみを使用した"体においしい料理"だ。1日20食限定の「おひさまプレート」は特に人気。野菜が主役の色とりどりのおかずを、一度に数種類も楽しめる。体に優しく、しかも安心で安全。食べるときっと元気になれる。

大泉　長坂　小淵沢　高根　清里　白州　須玉　韮崎　原村　富士見　茅野　蓼科　諏訪

①

③
④

① 風渡る縁側で、外の景色を眺めながらゆったりくつろいでみるのが、おすすめの過ごし方。② 見た目にも華やかな「おひさまプレート」¥1,450。マクロビオティックの調理技術を応用している。③ 趣を感じさせる石造りの土間。午後は柔らかな日の光が差し込んでくる。④ 自家製ジンジャーエール¥500。ショウガたっぷりでドライな味わいが特徴。⑤ 趣深い風情の建物。

②

DATA
☎ 0551・46・2177
🏠 山梨県北杜市高根町村山西割1149
🕐 11:30～17:00
🈺 日、月、火　Ｐ あり
🚃 電車/JR中央本線長坂駅より
　　車で約15分、
　　車/中央自動車道長坂ICより約10分
🈺 完全予約制
🏠 k-ohana.biz

⑤

☑cafe ☐restaurant ☐bar

山梨・北杜市

喫茶 時薬

きっさ ときぐすり

郷愁を誘う
琥珀色の世界

　地元出身の後藤はるなさんが、実家の『アンティークショップ仁』の隣に開いた喫茶店。曾祖父の時代から米蔵として使われていた築100年の蔵を再生して営んでいる。幼い頃から古民家に住み、アンティークに囲まれて育ったという後藤さん。栄養士と調理師の資格も持っており、県内のホテルやフレンチレストランで料理人として経験を積んできた。この店で味わえるのは、オムライスやナポリタン、プリンなど昔から愛されてきた喫茶店の洋食メニューが中心。ノスタルジックな雰囲気に浸れる。

① 懐かしい味わいのクリームソーダ¥600。② 梁や壁板などはそのまま残し、ヘリンボーン柄の床がさらにレトロ感を演出。アナログレコード好きの後藤さんのコレクションも並ぶ。アンティーク食器は祖母が実際に使っていたものに加え、父親や後藤さんが集めたものも。③ 大正14年築の蔵をリノベーションしたカフェ。④ 店主の後藤はるなさん。

DATA
- ☎ 0551・47・5022
- ⊕ 山梨県北杜市高根町五町田1094-1
- 🕐 11:30〜16:00（食事は要予約）
- 休 日、月、火、水（1、2月は休業）　Ｐ あり
- 🚗 電車/JR中央本線長坂駅より車で約7分、車/中央自動車道長坂ICより約1分
- 🌐 tokigusuri.com/

明野産の卵を使ったコクのある『懐かしの
プリン』¥400と4種類の豆をブレンドした
『時薬ブレンド珈琲』¥550。

☑cafe ☐restaurant ☐bar

山梨・北杜市

キャラメルハウス
八ヶ岳

キャラメルハウスやつがたけ

広大なロケーションの中
ぜいたくな時間を

　牧草地に隣接するログハウス。築年数とともに飴色になった店内から、キャラメルハウスと名付けてオープンした。看板メニューはティラミス。イタリア産マスカルポーネをベースに、清里の卵や八ヶ岳高原牛乳など地元の素材もふんだんに使用している。舌の上でとろける滑らかな食感、濃厚なチーズとミルクの甘さの中にエスプレッソのほろ苦さが絶妙に調和。

①「ティラミスモカソフトクリーム」¥480。②右から季節限定の「ブルーベリーティラミス」¥691、定番の「キャラメルティラミス」¥605、「抹茶ピスタチオティラミス」¥638。③木のぬくもりを感じるログハウス。もともとソフトクリーム店として営業していた。④地元・北杜市産のとうもろこしを使用したキャラメルポップコーンは1カップ¥300。⑤店長の下司鷹志さん（左）とスタッフのMikuさん。⑥広大な牧草地に隣接。

DATA
☎090・3384・9191
🏠山梨県北杜市高根町東井出4986-999
🕐11:00～16:00
💤水、木、金
🅿️あり
🚃電車/JR小海線甲斐大泉駅より徒歩約18分、車/中央自動車道長坂ICより約12分
🐾ペットはテラス席のみ可

山梨・北杜市

sundaysfood

サンデイズフード

おいしいものと
音楽が集う空間

　2016年夏に北杜市に移住した大給亮一さんは、お好み焼きとナチュラルワインの店『sundaysfood』を開業。2019年に甲府市へ移転し、2021年にふたたび爽やかな風が吹き抜ける八ヶ岳南麓に戻ってきた。新しい店舗は建築資材置き場として使われていた小屋を、そのまま利用したもの。「甲府で知り合ったミュージシャンたちがふらっと来て、ピアノを弾いたりするような自由な空間にしたい」と大給さんは話す。

① 窓は全て、寸法や高さ、座席からの景色など大給さんの気持ちの良い位置に設けた。② 地野菜の濃厚さ、燻製肉の香ばしさ、太めのパスタを自家製ソースが軽やかにまとめる、豚バラと野菜のやきそば¥1,000。③ キャラメルプリン¥550は、まったりしながらもするりと舌から姿を消す。④ 風が吹き抜けるテラス。⑤ 使われていなかった建築資材置き場の小屋をそのまま利用している。

DATA

☎ 0551・88・9011
🏠 山梨県北杜市高根町五町田1227-1
🕐 詳細はInstagramで確認
🈺 詳細はInstagramで確認
🅿 あり
🚃 電車/JR中央本線長坂駅より車で約7分、車/中央自動車道長坂ICより約2分
🐾 ペットはテラス席のみ可
🆖 instagram.com/sun.days.food/

大泉
長坂
小淵沢
高根
清里
白州
須玉
韮崎
原村　富士見
茅野
蓼科
諏訪

□ cafe ☑ restaurant □ bar

山梨・北杜市

紬山荘
つむぎさんそう

食事だけの利用もいい
古民家オーベルジュ

　八ヶ岳南麓の静かな自然の中に佇む、モダンなオーベルジュ（宿泊施設を備えたレストラン）。200年以上前に建てられた古民家をリノベーションしている。食事だけの利用も可能で、ランチ、ディナーともにフレンチと和食の経験があるシェフが腕を振るうコース仕立て。料理には、地元の素材や八ヶ岳の伏流水を敷地内から汲み上げて使用し、旬の味わいを堪能させてくれる。

① 十割蕎麦。職人が手打ちするそばを目当てに訪れる客も多い。ランチコース¥12,100〜。② モダンかつ木の温もりを生かしたレストランスペースのテーブル席。③ 茨城かすみ鴨のロースト、ジュのソース。ディナーコース¥27,830〜。④ 伝統的な製法と八ヶ岳の伏流水を使う自慢のそば。⑤ 周囲の緑を借景にしたカウンター席も人気。⑥ 古民家ならではの風情を生かす。

DATA
☎ 0551·47·6690
🏠 山梨県北杜市高根町村山西割3113-2
🕐 11:30〜13:00〜（二部制）、18:30〜22:00
休 火、水　P あり
🚃 電車/JR中央本線長坂駅より車で約13分、車/中央自動車道長坂ICより約5分
他 ランチ・ディナー共に要予約
HP www.tsumugisansou.jp/

山梨・北杜市
Terroir 愛と胃袋
テロワール あいといぶくろ

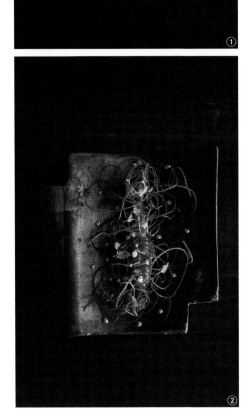

地元育ちの野菜や器で
八ヶ岳の奥深さを表現

　コンセプトは"八ヶ岳ガストロノミー"。ガストロノミーとは、料理を通して芸術や歴史などの文化的要素を表現した"美食"を意味する。ここで楽しめるのは、地元産の食材を使ったイノベーティブフュージョンだ。野菜は小淵沢の『クレイジーファーム』のものを中心に使用。これら地元の食材を駆使して手掛ける料理を盛り付ける器もまた、地元作家のものにこだわる。

① ビーツなど、カラフルで珍しい野菜も多く栽培する『クレイジーファーム』の野菜は、本来の滋味が伝わるものばかり。② 八ヶ岳湧水鱒とビーツのショーフロワ。『川魚専門店みやま』の湧水鱒と鱒の子、『ファームいなば』の山羊のチーズなど八ヶ岳の素材だけで仕上げたひと皿。③ 梁や柱が重厚な雰囲気を醸し出す店内。④ シェフの鈴木信作さん。⑤ 築180年の古民家を改装。

DATA
🏠 山梨県北杜市高根町長澤414
🕐 11:30〜14:00、17:30〜21:00
🈳 月、火　Ｐあり
🚃 電車/JR小海線甲斐大泉駅より車で約9分、
　　車/中央自動車道長坂ICより約15分
🈂 完全予約制。
　　ペット同伴は平日のみ完全予約制
🌐 aitoibukuro.com/

☑ cafe ☑ restaurant ☐ bar

山梨・北杜市

engawa cafe
エンガワカフェ

古民家移住を疑似体験して
名物ラーメンとピザを

　築90年の日本家屋を、木村豊さんと洋子さん夫妻が改装して作り上げたカフェ。店の名物は豊さんが作るラーメンと、イタリアンの料理人・洋子さんが作るピザだ。小淵沢の無農薬野菜、日野春の平飼いの有精卵を使用。空間づくりも食材も、近くにあるもの、昔からあるものを当たり前に使うからこそ、いつまでも過ごしたくなる心地良さが生まれている。

① 晴れた日は窓から南アルプスの山々が見える客席。② あっさりした味わいの塩らーめん¥980。③ ピザ（21cm）¥1,100。生地は国産の小麦粉を使い、もっちりした食感。④ ランチセット¥2,500の前菜。メインはらーめん、ピザ、ベジプレートの中から選べる。飲み物付き。⑤ スイーツや総菜は気軽にテイクアウトできる。⑥ 庭ではかわいいヤギがお出迎え。この家ではかつて養蚕が営まれていた。

DATA
- ☎ 0551・47・6065
- 🏠 山梨県北杜市高根町東井出155
- 🕐 11:30〜14:30（ランチタイム、土日祝は11:00〜）、
  14:30〜16:30（カフェタイム）、
  17:30〜20:00（ディナータイム）
- 🈺 不定休（HPで要確認）　Ｐ あり
- 🚃 電車/JR中央本線甲斐大泉駅より車で約7分、
  車/中央自動車道長坂ICより約8分
- 🈺 夜のみ要予約
- 🌐 engawacafe.wixsite.com/engawacafe

山梨・北杜市

カフェ&ごはん
空 SORA

カフェ&ごはん そら

夫婦手作りの料理で
温かいおもてなしを受ける

「八ヶ岳南麓の空は大きくて、とってもきれい。私は空が大好きなんです」と微笑むのは、店主の関根真知子さん。長年調理の現場で働いていた夫の博夫さんとともに、2014年よりカフェを営んでいる。高台に位置しているため、晴れた日には八ヶ岳や南アルプス、富士山を一望でき、テラスに出ればはるか彼方まで広がる青空が眩しい。まさに「空」という店名にふさわしい。

① ワンプレートランチ¥1,650～はメインを肉と魚から選べる。デザート、ドリンク付き。② 日差しがたっぷり降り注ぐ明るく開放的な空間。③ 高原野菜を使ったきのこのマリネサラダ¥800～は夜の人気メニュー。④ 弁当やオードブルなどを、予算に合わせて作ってくれる。⑤ アットホームな雰囲気が漂う外観。⑥ 周囲の山々を望む広々としたテラス席。ペット連れでもゆっくり食事が楽しめる。

DATA
- ☎ 0551・45・9610
- 🏠 山梨県北杜市高根町東井出4986-885
- 🕐 11:30～15:00（L.O.14:00）、17:30～20:00（L.O.）
- 🈳 水、木（4～11月）、火、水、木（12～3月）
- Ⓟ あり
- 🚗 電車/JR小海線甲斐大泉駅より車で5分、車/中央自動車道長坂ICより約15分
- 🌐 ペットはテラス席のみ可、夜の営業は予約のみ
- Ⓗ cafegohansora.net

☑cafe ☑restaurant ☐bar

山梨・北杜市

nakamise café-pot.

ナカミセ カフェ ポット

姉妹の絆が生み出す
体に優しい料理と焼き菓子

　小尾和枝さん、純子さん姉妹が営む温かな雰囲気のカフェ。体に優しい料理が地元で親しまれている。食事メニューは全て植物性食材100％で「カレープレート」や「野菜そぼろごはん」のほか、デザートやドリンク類も豊富。お弁当の販売もあり、カレーや雑穀米いなり、ナムルごはんもテイクアウト可能だ。店内で販売する自家製焼き菓子「おだやかおやつ」も大評判。

① 手作りのトマトピューレをベースに。地元産野菜やオーガニックの香辛料を使って仕上げたカレープレート¥1,080。② 大豆ミートと三種の野菜がたっぷりのナムルごはんのお弁当¥780。③ 店内の一角では、小尾さん姉妹がセレクトした雑貨を販売している。④ 自然光が射し込む明るい店内。ドリンクやデザートは季節で変わるメニューもスタンバイ。⑤ 両親から受け継いだ店舗をカフェに改装してオープンした。

DATA
☎ 0551・47・2044
🏠 山梨県北杜市高根町五町田609
🕐 11:30〜17:00（L.O.16:00）
休 月、火、金
P あり
🚗 電車/JR中央本線長坂駅より車で約10分、車/中央自動車道長坂ICより車で約3分
HP www.cafepot.net/

清 里 エリア

N° **045**

□ cafe ☑ restaurant □ bar

①

山梨・北杜市
清泉寮本館レストラン
せいせんりょうほんかんレストラン

清里の象徴でいただく、60余年の歴史を誇る正統派の欧風カレー

清里の象徴・清泉寮の本館レストランでは、地元の農家が育てた野菜をふんだんに使用した洋食が味わえる。ハンバーグや季節ごとのパスタ、ピザのほか、昔ながらのレシピで作る正統派の欧風カレーも人気。和牛ネックをふんだんに使い、約4〜5時間かけてじっくりと煮込んだルーは肉のうま味が溶け出し、深い味わいだ。スパイスの他にココナッツミルクなども一緒に煮込むため、辛さの中にも甘味とコクがある。

① 清泉寮カレー¥1,650。フルーツチャツネなども使用し、味に奥行きを出したひと皿は長年のファンも多い。② 木の温もりが感じられる店内。③ アメリカ・ケンタッキー州出身のポール・ラッシュ博士によって再建された清泉寮。

③

DATA
☎ 0551・48・2111
⊕ 山梨県北杜市高根町清里3545
⏰ 11:30〜14:00（L.O.）
㊡ 無休（臨時休業あり）　Ｐ あり
🚗 電車/JR小海線清里駅より車で約4分、車/中央自動車道長坂ICから約18分
HP www.seisenryo.jp/

山梨・北杜市

萌木の村

もえぎのむら

☐ cafe ☑ restaurant ☐ bar

半世紀もの長い間愛される味わいのROCKビーフカレー¥1,220。数々の世界的なコンクールで最高賞を受賞した、クラフトビールとともに味わいたい。

山梨・北杜市

萌木の村 ROCK

もえぎのむら ロック

カレーと地ビールが名物の清里の代名詞的レストラン

遊んで、食べて、宿泊して…。『萌木の村』は清里の森の中に個性的なレストランやショップなどが立ち並ぶ一大リゾート。その原点となったのが『ROCK』だ。オーナーの舩木上次さんが「若者たちが集い、夢を語れる場所を」という思いで1971年にオープンして以来、代名詞的存在として清里の発展を支えてきた。半世紀以上の月日が流れ、喫茶店からパブレストランにスタイルが変わった今も、創業当時と変わらぬ賑わいを見せている。こだわりのクラフトビールとともに、ゆったりとした時間を過ごそう。

上／山梨県産牛を使った大満足のサーロインステーキ¥3,980。左／ROCK定番メニューの一つ、厚切りトースト¥1,380。

① 現在の建物は2017年に建てられた3代目。随所に開拓の面影を残したモチーフがある。② 店内は開放感たっぷり。テラス席はペット連れもOK。③『萌木の村』は八ヶ岳南麓に広がる一大リゾート。緑に抱かれた憩いの空間で、ゆったりと過ごすことができる。④ オーナーの舩木上次さん。スーパーマンのTシャツがトレードマーク。

DATA

- ☎ 0551・48・2521
- 🏠 山梨県北杜市高根町清里3545
  萌木の村内
- 🕐 11:00〜21:00（L.O.20:30）、
  夏期繁忙期10:00〜22:00（L.O.21:30）
- 🚫 なし
- 🅿 あり
- 🚗 電車／JR小海線清里駅より徒歩10分、
  車／中央自動車道須玉ICより約30分
- 🐕 ペットはテラス席のみ可
- 🌐 www.moeginomura.co.jp/ROCK/

□ cafe　□ restaurant　☑ bar

山梨・北杜市

Bar&Lounge Perch

バーアンドラウンジ パーチ

静かに酔いしれるのに
最高のシチュエーション

『萌木の村』にある森の小さなホテル『ハット・ウォールデン』の2階にあるバー＆ラウンジ。特筆すべきは、ウイスキーの品揃え。酒棚には、国内外から集めたマニア垂涎のレア物が数多く並んでいる。本場スコットランドの蒸溜所を巡るなど、ウイスキーをこよなく愛する腕利きバーテンダーの久保田勇さんと、ウイスキー談義に花を咲かせながら飲む1杯は珠玉の味わい。

①

②

③

④

⑤

① 店内は大人のムード満点。静かに一夜を過ごすことができる。② 久保田さんは、カクテルコンペティションで優勝経験もある腕利き。③ 伝説のウイスキー「ボウモアトリロジー」。シリーズの中でも希少価値の高い3本を揃えている。④ フルーツ王国山梨産のフルーツを使ったカクテルも人気だ。⑤ 貯蔵庫の中には、多くの銘酒が眠る。⑥ ホテル ハット・ウォールデンの外観。

⑥

DATA
☎ 0551・48・2131
🏠 山梨県北杜市高根町清里3545
　　萌木の村内
🕐 17:00～25:00（最終入店23:00）
🈳 なし　🅿 あり
🚗 電車/JR小海線清里駅より徒歩約5分、
　　車/中央自動車道須玉ICより約30分
🌐 barperch.com/

山梨・北杜市

レストランNest

レストラン ネスト

木の温もり溢れる空間で
本格フレンチコースを堪能

　左頁で紹介した『Perch』と同様、『ハット・ウォールデン』内にあるレストラン。地元の農家で栽培された野菜や、萌木の村・ナチュラルガーデンで育てたハーブなどをふんだんに使い、メニューを組み立て提供してくれる。食材の良さを生かしたシェフこだわりの創作フレンチのフルコースを心ゆくまで楽しもう。また、宿泊者限定で和洋を選べる朝食も味わえる。

① ディナーコースは¥6,500〜。写真は甲州ワインビーフの低温ロースト。② 地元野菜と清里産湧水鱒を使ったオードブル。③ 野辺山産ヨーグルトとハーブを使ったデザート。④ 木漏れ日が降り注ぐ店内。ディナータイムは優しい灯の落ち着いた雰囲気に。

DATA
☎ 0551・48・2131
🏠 山梨県北杜市高根町清里3545
　萌木の村内
🕐 18:00〜（要予約）
休 なし　P あり
🚗 電車/JR小海線清里駅より徒歩約5分、
　車/中央自動車道須玉ICより約30分
HP hut-walden.com/nest.html

大泉
長坂
小淵沢
高根
清里
白州
須玉
韮崎
原村
富士見
茅野
蓼科
諏訪

□ cafe　□ restaurant　□ bar

山梨・北杜市

K's CAFÉ

ケーズカフェ

清里駅前に立つ
見晴らしの良いカフェ

　清里駅の駅前に2021年にオープンした
カフェで、電車の待ち合わせにも便利。扉の
先には薪ストーブが一際目を引く開放的
な空間が広がっている。2階の席からは清
里の町並みや山々を一望。木を基調とした
店内はナチュラルな雰囲気で、ついつい長
居したくなるほど居心地が良い。メニュー
はスパゲティと日替わりケーキなどのほか、
モーニングも用意。スパゲティは、ナポリタ
ンを定番に、季節に合わせて5〜6種類を
ラインナップしている。どの時間帯に訪れて
も満足できる。

①

②

③

④

DATA
- ☎ 0551・45・8989
- 🏠 山梨県北杜市高根町清里3545-309
- 🕐 8:00〜17:00
- 🚫 水、木
- Ⓟ なし
- 🚃 電車/JR小海線清里駅より徒歩約1分、
  車/中央自動車道須玉ICより約25分

① 定番のナポリタン¥900は満足感のある一皿。② ティ
ラミス¥500をはじめ、作りたてのケーキを提供している。
③ 扉の先には薪ストーブが主役の開放的な空間が広が
る。木をふんだんに使ったロッジ風の店内に、アンティーク
調の家具が心地良く馴染んでいる。④ 長い年月を感じ
る2階建ての建物。清里駅からのアクセスは抜群だ。

清里駅からも近く、観光の
拠点として便利なカフェ。2
階の席からは清里の街並み
や遠くの山々を眺められる。

☑ cafe　☑ restaurant　☐ bar

🍴 🍷 🥟 🌙 👜 🗄 📱

山梨・北杜市

パンとパン料理 紡麦

パンとパンりょうり つむぎ

清里の「ホースブリッジ」内にあるログハウスを利用した店。テラス席や店内でパン料理を味わうことができる。

牧歌的風景の中で楽しむ欧州の伝統的なパン料理

　店主の村瀬裕紀さんは、名古屋や東京の有名ベーカリーで修業した経験の持ち主。甲府のドイツパンの店でパンを使ってアレンジを施した一皿「パン料理」に出合い、その味に感動したと話す。パンに使うのは、北杜市産の無農薬全粒粉。高加水でもっち

りと焼き上げたパン・ド・ロデヴやサクサクの食感が楽しめるバゲット・フィユテなど、小麦の風味と甘味が感じられる逸品ばかりだ。こうして作られたパンや地元で採れる季節の野菜を巧みに使って、伝統的なパン料理を仕上げている。

③

④

⑤

①

②

① 全粒粉食パン1斤¥500や、外はパリッと、中はもっちりと焼き上げたバゲット・フィユテ¥250〜などのパンを販売。② アンティーク家具が配された、落ち着きのある店内。③ 村瀬裕紀さん、さえさん夫妻が営む。④ 北杜市のハム専門店『ハム日和』のボンレスハムとスライスチーズをはさんだサンドイッチ「ジャンボンフロマージュ」¥550。⑤ パン料理とサンドイッチ、ドリンク、カヌレが付くセット¥1,300（季節により内容は変更）。⑥ 同店の他にはちみつや靴のショップも入っている。

⑥

DATA

☎ 080・9482・5452
🏠 山梨県北杜市高根町清里3545-4615
　ホースブリッジ敷地内
🕐 10:00〜16:00
🛌 火、水、木
🅿 あり
🚉 電車/JR小海線清里駅より車で約5分、
　車/中央自動車道須玉ICより約25分

☐ cafe ☑ restaurant ☐ bar

①

山梨・北杜市

カントリーキッチン ロビン

ボリューム満点の熱々ステーキを豪快に味わうぜいたく

もとはホテルで和食のシェフとして腕を研鑽した店主の小田切秀延さん。その繊細な技を駆使する肉メニューが人気を集め、地元はもちろん観光客も足を運ぶ。特にボリューム満点のステーキは、飼料にこだわったニュージーランド産を使用。肉汁を回しかけながら丁寧に焼き上げ、肉汁をたっぷりと染み込ませるのが小田切さん流だ。また、信州産ポークと信州牛の合い挽きを使ったロビンハンバーグも名物。

③

DATA
☎ 0551·48·3155
🏠 山梨県北杜市高根町清里3545
🕐 11:30〜15:00(L.O.14:00)、
　 17:30〜21:30(L.O.20:30)
🈺 水
🅿 あり
🚃 電車/JR小海線清里駅より車で約4分、
　 車/中央自動車道須玉ICより約22分
🆔 https://www.k-robin.com/

②

① 人気のリブローステーキセット ステーキ300g。サラダ、ライス、スープ付き¥4,700。② 地元の牛乳で仕上げるマイルドなホワイトソースと、酸味のあるトマトソースが絶妙なロビンハンバーグ¥1,800。③ アメリカの田舎町のログハウスをイメージ。

🍴 🍷 🐾 🌙 🛍 🖥 📱

山梨・北杜市

レストハウス八ヶ岳

レストハウスやつがたけ

ボリューム満点の
サーロインステーキ丼

　1980年のオープン以来、清里の老舗として和・洋食を中心に提供し、喫茶としても営業。国産のサーロインステーキ150グラムを秘伝のソースで味付けした、丼が名物だ。定食には自家栽培した野菜のサラダや味噌汁、フルーツも付く。良き昭和時代を思い出せる雰囲気の店。1度立ち寄ると忘れられないだろう。清里駅の近くにあり、ふらっと立ち寄りやすいのも良い。

① 牛ステーキ丼¥1,600(単品)。定食は¥1,950。大満足のボリュームだ。② レトロな雰囲気の店内は居心地が良く、懐かしい気分になれる。メニューも豊富でバラエティー豊かなおいしさが楽しめる。③ 清里で育った気さくなご主人が出迎える。④ 緑に囲まれた、昔ながらの外観。

DATA
☎ 0551・48・2917
🏠 山梨県北杜市高根町清里3545-208
🕐 10:30〜21:00(L.O.20:30)
🈺 水(夏期無休) 🅿 あり
🚃 電車/JR小海線清里駅より徒歩約20分、
　車/中央自動車道須玉ICまたは長坂ICより約20分

□ cafe ☑ restaurant □ bar

① 山梨・北杜市

農園レストラン ル・マリアージュ

のうえんレストラン ル・マリアージュ

自然の恵みを味わい尽くす、清里高原の本格フレンチ

　緑の丘に佇む小さなホテル『オーベルジュ』内にある、本格的なフレンチレストラン。主役は約80種類の野菜を栽培する無農薬の自家農園で収穫した新鮮な野菜をはじめ、シカやイノシシといったジビエに川魚など、清里の美しい自然の中で育った地元産の食材。オーナーシェフの五味博さんが、見た目にも美しい珠玉のひと皿に仕上げていく。ひと口ごとに自然の恵みが感じられる、清里ならではの味わいだ。

DATA
☎ 0551・48・3405
⊕ 山梨県北杜市高根町清里牧場通り
🕐 ランチ/12:00～14:00、ディナー/18:00～
休 不定休　P あり
🚃 電車/JR小海線清里駅より車で約6分、
　　車/中央自動車道須玉ICまたは長坂ICより20分
⊕ 要事前予約
🌐 kiyosato-auberge.com/le-mariage/

① シェフのおまかせディナーコース¥8,250～。写真は自家農園のオーガニック野菜とグラスフェットビーフのグリエ 行者にんにく添え。
② シェフの五味裕輔さん。
③ 緑に囲まれながら、清里の自然の恵みを感じることができる。

🍴🍷🐾🌙⛺🏠📱

山梨・北杜市

オーベルジュ清里 薪火料理

オーベルジュきよさと まきびりょうり

八ヶ岳の森と一体になり 炎とともに過ごす

　左頁で紹介した『オーベルジュ清里』が、「この土地で採れた素材をこの土地の炎で調理する」のコンセプトのもと、薪火を使った料理コースを2022年より提供開始。薪や煙の薫り、赤くゆらめく炎、薪のはぜる音や脂の蒸発する音を感じながら、森と繋がる豊かな時間を過ごせる。食材の個性を知り尽くした料理人が、火を巧みに用いながら作り上げるひと皿は芸術の域だ。

①「八ヶ岳にゆっくり滞在して、この土地の恵みを最大限に味わってもらいたい」という思いを体現したのがこの薪火コース。②③料理の一例。ランチ¥5,500、ディナー¥11,000〜。④⑤野外のオープンキッチンで、八ヶ岳ならではの素材を楽しめる。⑥シェフたちは自ら八ヶ岳の木を伐採し、割り、乾かして薪をつくる。調理に合わせて薪を選び、フルコースを仕立てている。

DATA
☎ 0551・48・3405　 住 山梨県北杜市高根町清里牧場通り
🕐 12:00〜、18:00〜
休 不定休　 P あり
🚃 電車/JR小海線清里駅より車で約6分、
　　車/中央自動車道須玉ICまたは長坂ICより約20分
他 要事前予約
HP kiyosato-auberge.com/firewoodcuisine/

白州 エリア

N° **053**

☑ cafe　☑ restaurant　☐ bar

🍴 🍷 🐾 🌙 👜 📷 📱

山梨・北杜市

薹眠
だいみん

日本酒の魅力と
発酵料理を堪能

　銘酒「七賢」で知られる『山梨銘醸』は、創業300年以上の歴史を誇る造り酒屋。その直営レストラン『薹眠』は、明治初期の建物に使われていた材を再利用している。日本酒造りの工程に欠かせない自家製の麹を活用し、素材のうま味を引き出した料理を提供。七賢の主な銘柄が揃っている上、ここでしか味わえない限定無濾過生原酒もあり、日本酒との絶妙な調和を楽しめる。

DATA
☎ 0551・35・5111
🏠 山梨県北杜市白州町台ヶ原2287
🕐 11:30〜15:00、17:00〜20:30
❌ 火(祝日の場合は翌日)　Ⓟ あり
🚗 電車/JR中央本線長坂駅より車で10分、
　　車/中央自動車道長坂ICより約10分
ℹ 夜は前日までに要予約
🅗 sake-shichiken.co.jp/daimin/

① 古材の風合いをそのまま生かした落ち着いた店内。② 地元産の素材を使用した鮭の麹づけ定食¥1,850。麹の自然な甘味が加わり、日本酒によく合う。③ 自家製の甘麹に漬け込んだ鮭。長年職人たちに食されてきた伝統ある一品だそう。④ 酒蔵らしい杉玉が目印の食事処。

山梨・北杜市

ギャラリー＆カフェ かたかご

食と芸術が共存する 安らぎの空間

　県内屈指の桜の名所「真原の桜並木」の近くに、岩元純治郎さん夫妻が開いた店。"日常感"をテーマにした料理はシンプルながらも丁寧に作られ、素材の持ち味が引き出されている。また、品数を多く食べてほしいという思いから種類も豊富で、味付けだけでなく色味のバランスにもこだわる。併設されるギャラリーには木工小物やアクセサリー、食器類などが並べられる。

① 野菜料理を盛り付けた前菜、味噌汁、ドリンクが付く「かたかごオリジナルちまきセット」¥2,000。② ギャラリーで販売される作品はこの地域を中心に全国から集められている。③ 餅キビや黒米、栗、干しシイタケ、松の実などを竹の皮で包んで蒸したちまき。④ 自然に囲まれた店。

DATA
☎ 0551・20・3058
🏠 山梨県北杜市武川町山高3567-578
🕐 11:00〜15:00（食事は11:30〜）
📅 火、水、木（12月中旬〜3月中旬休、その他臨時休業あり）
Ｐ あり
🚃 電車/JR中央本線日野春駅より車で約15分、車/中央自動車道須玉ICより約20分
🐾 ペット同伴はバルコニーのみ可
🖥 katakago.gourmet.coocan.jp/

☑cafe ☐restaurant ☐bar

🍴 🍷 🐾 🌙 👜 📷 📱

山梨・北杜市

YES! BAGLE

イエス! ベーグル

甲州街道に佇む
"お蔵の"ベーグルカフェ

　新旧の街道が交わる、白州の台ヶ原宿にある古い蔵。店主の山﨑忠雄さんは、2011年の東日本大震災に際して倒壊寸前だったこの蔵を、自身の直感を信じてセルフリノベーションした。今では白州を訪れるキャンパーや登山者、釣り人らの立ち寄るカフェとして親しまれている。ベーグルと、白州の名水で入れる深煎り豆のオリジナルブレンドコーヒーで心を満たしたい。

① 重厚な蔵の中には、店主の個性から生まれた不思議かつ独特な雰囲気が漂う。② 地元野菜をふんだんに使ったベーグルサンドセット¥1,200。36種類から選ぶサンドに野菜の副菜が付く。③ 甘いスイーツ系のサンドも揃っている。④ 東京出身の山﨑忠雄さん。今は「白州の人」として多くの旅人を迎えている。⑤ 旧甲州街道の台ヶ原宿入口付近、道の駅はくしゅうの向かい側に立つ。

DATA
☎ 080・5482・9696
🏠 山梨県北杜市白州町白須259-1
🕐 11:30〜売り切れるまで
🈺 Instagramで要確認(@yesbagel)
🅿 あり
🚉 電車/JR中央本線長坂駅より車で約10分、車/中央自動車道小淵沢ICより約15分

🍴 🍷 🐾 🌙 👜 📷 📱

大泉
長坂
小淵沢
高根
清里
白州
須玉
韮崎
富士見
原村
茅野
蓼科
諏訪

山梨・北杜市

Standard Pizza

スタンダード ピザ

発酵具合にこだわって作るピザのモチモチ生地に感動

八ヶ岳エリアでは珍しい、デリバリーも行うピザ専門店。ピザ生地は約3時間発酵させた後、もちもちの食感にするために、発酵具合を目と触感で確かめつつ加減をしながら生地を延ばしてたたく。高温の窯でサッと焼き上げれば、もっちりとした生地に仕上がるという。定番のスタンダードオリジナルは、ブラックペッパーを入れて少しスパイシーに仕上げたトマトソースの上に、ペパロニをぎっしりとのせたパンチのある一枚。

① ペパロニ、オニオン、オリーブがたっぷりとのったスタンダードオリジナルMサイズ¥1,800。② スパイシーなひき肉がたっぷりのったメキシカンタコミートMサイズ¥2,700。③ 店は以前建築関係の仕事に携わっていた店主の飯室さんの手作り。

DATA
☎ 0551・45・8772
🏠 山梨県北杜市武川町山高3113-1
🕐 11:00〜21:00 休 木 Ⓟ あり
🚗 電車/JR中央本線日野春駅より
　　車で約11分、
　　車/中央自動車道須玉ICより約15分
🐾 ペットはテラス席のみ可
🆔 standard-pizza.com/

須 玉 エリア

N° **057**

☐ cafe ☑ restaurant ☐ bar

山梨・北杜市
あけの農さん物直売所
あけののうさんぶつちょくばいじょ

トマト会社が仕上げた
個性的なカレー

　八ヶ岳でトマトの大規模栽培を行う会社『アグリマインド』が営むアンテナショップ。自慢のカレーはタマネギ、リンゴなどの野菜や果物、カルダモンやジンジャーなどを使用した中辛のカレールーに、ピューレ状の自社トマトを加えることで、ほのかな酸味が加わり辛さがまろやかになる。肉厚のトマトは水分が少なめで、しっかりとした歯ごたえと控えめな酸味と甘味が特徴。

①

②

⑤

③

④

① 季節の野菜カレー¥900。カボチャやニンジンなど、すべて朝採れのものばかり。② トマトの赤みがルーに加わったトマトカレー¥700。長時間かけて煮込んだカレーはまろやかで濃厚な味わい。③ 店内にはキッズスペースも完備。窓の外には甲斐駒ケ岳や八ヶ岳などの景色が広がる。④ 農産物などを販売する1Fの直売所。⑤ マネージャーの野菜ソムリエ・福田律子さん。⑥ ドライブ途中に気軽に立ち寄れる。

⑥

DATA
☎ 0551·25·5830
🏠 山梨県北杜市明野町上手11928-1
🕐 11:00〜14:00(直売所は9:00〜17:00)
🚫 水(5〜11月は無休) Ｐあり
🚉 電車/JR中央本線韮崎駅より車で約17分、
　車/中央自動車道須玉ICより8分
🐾 ペットは2Fテラス席のみ可
🌐 www.agrimind.co.jp

☑ cafe ☐ restaurant ☐ bar

🍴 🍷 🐜 🌙 ⛺ 🎦 📶

山梨・北杜市

仁田平マルシェ

にただいらマルシェ

誰もが自由に楽しめる場を
地域と作りあげる

　北杜市にある小さな集落、仁田平にあった紙の加工場をリノベーションしたカフェ・雑貨店。店名の由来は、「市場のように人が集まる活気ある場にしたい」という思いから。不定期でライブやマルシェなどのイベントを行うなど、地域のコミュニティーの場にもなっている。店内では地元食材の素材の味を生かして作られた料理を、ゆっくりと味わうことができる。

① 地元の工務店の協力も受け、地元の廃材を再利用して店舗を作り上げた。② ブックカフェ、雑貨店、イベントスペースなど、さまざまな顔を併せ持つ。③ 鹿肉のラグーパスタ（料理の一例）。ランチは¥1,100〜。④ 工場をリノベーションして築き上げた、楽しい異空間。

DATA
☎ 0551・45・6977
🏠 山梨県北杜市須玉町江草2210-1
🕐 10:00〜18:00
🈂 水、木、そのほか不定休あり
🅿 あり
🚃 JR中央本線韮崎駅より車で20分、車/中央自動車道須玉ICより15分
🌙 夜は予約により営業

大泉
長坂
小淵沢
高根
清里
白州
須玉
韮崎
原村
富士見
茅野
蓼科
諏訪

☐ cafe ☑ restaurant ☐ bar

①

山梨・北杜市

暖炉レストラン ターシャ

だんろレストラン ターシャ

国内最大級の暖炉が店のシンボル

レトロな洋館を思わせる大きな建物の中には、日本最大級の暖炉がゆったりと火を灯している。スペシャリテのローストビーフは、その暖炉で7〜8時間かけて焼き上げ、遠赤外線効果で肉汁を逃さず柔らかく仕上げている。素材にもこだわり、国産牛や甲州富士桜ポークのほか、野菜は地元で育ったもの、魚も八ヶ岳サーモンと呼ばれる大きなニジマスを使用。

DATA
- ☎ 0551・25・4129 ⊕ 山梨県北杜市明野町上手11588-1
- 🕐 11:00〜15:00(L.O.14:00)、
  17:00〜21:00(L.O.20:00)
- 休 火(月・不定休) Ｐ あり
- 🚃 電車/JR中央本線韮崎駅より車で約20分、
  車/中央自動車道須玉ICより約10分
- 🌐 piccolo-fiore.jp/

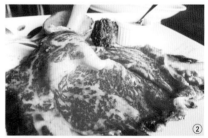

②

③

④

① 暖炉焼き和牛100%ハンバーグステーキ。ランチコース、ディナーコース各¥3,000の一例。② 特製和牛を暖炉でじっくりローストした、暖炉焼きローストビーフ120g。コース¥4,500(ディナー¥5,500)。③ ゆったりとした店内の中心にある広いキッチン。④ ヨーロッパの田舎をイメージした建物。

☑ cafe　☑ restaurant　☑ bar

🍴 🍷 🐾 🌙 🛍 📷 🔊

山梨・北杜市

Tea＆Restaurant SPOON Garden

ティー アンド レストラン スプーン ガーデン

"健康"をコンセプトに
紅茶の真のおいしさを伝える

　紅茶好きの願いを叶えてくれるのが『SPOON Garden』。スリランカ産の良質な茶葉の中から、日本人の好みに合う味をセレクトしたというムレスナ社の紅茶は、ストロベリーやピーチなどのフルーツフレーバーをはじめ、バラ、バニラなど、60種類以上の多彩なラインナップ。ランチタイムには「フリーティー」という独自のスタイルで、フレーバーティーをたっぷり味わえるサービスも。

① 店内のほとんどがソファ席。女性のファンが多い。② ベジタブルパスタ（サラダ、紅茶付き）¥1,800。生パスタと北杜市産の野菜を使っている。③ 全粒粉入り自家製スコーン¥600。余計な物は加えずシンプルに仕上げた優しい味わい。④ 店舗は国道141号線沿いに立つ。

大泉
長坂
小淵沢
高根
清里
白州
須玉
韮崎
原村
富士見
茅野
蓼科
諏訪

DATA
☎ 0551・45・8666
🏠 山梨県北杜市須玉町若神子2604-1
🕐 11:00～20:00(L.O.19:00)
❌ 第2・4木（祝日の場合は営業）
🅿 あり
🚃 電車／JR中央本線日野春駅より
　　車で約15分、
　　車／中央自動車道須玉ICより約5分

☑ cafe ☑ restaurant ☐ bar

🍴 🍷 🍰 🌙 👜 🏠 📱

山梨・北杜市

手打ちうどん
「村松物産店」

てうちうどん むらまつぶっさんてん

体を芯から温めてくれる
オリジナル料理「うーめん」

　増富温泉にある土産店で、食堂とカフェ
を併設している。麺は茹でたて、天ぷらは揚
げたてを大切にして作られるうどんが評判。
わざわざ遠方から足を運ぶ人も多い。ダシ
は羅臼昆布と煮干しを使い、麺は国産小
麦を使用している。名物の「うーめん」は、
手打ちのうどんにラーメンスープを合わせた
オリジナル料理。常連客から提案され、看
板メニューとして定着したそう。

①つるんとした喉ごしのうどんを中華味で楽しむうーめ
ん￥800。②カフェとしての利用もOK。ケーキセットやパ
フェは、入浴や散策の後のひとやすみに味わいたい逸品
だ。③大きな看板が目印。手作りジャムやお菓子、梅干
し、おすすめの調味料などを販売している。④コシのある
麺をつるんといただこう。⑤三代目店主の村松亮平さん
と、先代の節子さん。

DATA
☎ 0551·45·0027　🏠 山梨県北杜市須玉町比志6498
🕐 食堂11:00〜15:00(L.O.14:30)、
　売店・カフェ9:00〜17:00
🈺 火(臨時休業あり)　P あり
🚗 電車/JR中央本線韮崎駅より車で約40分、
　車/中央自動車道須玉ICより約20分

韮崎 エリア

☑cafe ☐restaurant ☐bar

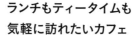

山梨・韮崎市

DAUGHTER
ドーター

ランチもティータイムも
気軽に訪れたいカフェ

「この店名は自分たちが好きなイギリスの
ロックバンドの名前をつけました」と話す店
主の山邊知佑さん、迪佳さん夫妻が営むカ
フェ。こだわりのコーヒーは、甲府市にある
コーヒースタンド『AKITO COFFEE』の豆
を使用。卵や乳製品を使わずに作る焼き菓
子が中心で、かぼちゃの種やアーモンドなど
で作るグラノーラなど、素材の味や食感が
よくわかる素朴なものが多い。

① アンティークのテーブルは知り合いのギャラリーから
もらったもの。② Soup & Bread パンとスープのセット
¥850。③ 店主の山邊知佑さん、迪佳さん夫妻。④ グラ
ノーラ100g¥350。オーガニックのオートミールやくるみに
カシューナッツやカボチャの種などを組み合わせたものを、
窯で約2時間低温で焼き上げている。⑤ ヴィーガンアイ
スサンド（バニラ）¥650。⑥ 築100余年の建物を改築。

DATA
🏠 山梨県韮崎市本町2-9-25
☎ 12:00〜16:00(L.O.)
🏠 月、火、水
Ⓟ あり
🚃 電車/JR中央本線韮崎駅より徒歩約7分、
　車/中央自動車道韮崎ICより約7分

☑ cafe　☑ restaurant　☐ bar

山梨・韮崎市
WHITE BASE
ホワイトベース

ランチの一例、銀ダラ西京焼き定食¥1,200。自家製味噌に漬けて焼いた銀ダラは身がふっくらとしてうま味があり、ごはんが進む。

ランチも昼飲みも居酒屋使いもOK

　東京でバー居酒屋を営んでいた西谷泰治さんが、この地に移住したのを機に開いた店。扉を開けると古めかしい外観とは裏腹に、広々とした吹き抜けの土間には洒落たバーカウンターがある。懐かしくもどこかモダンな座敷にはこたつも。店の魅力はランチから夜の居酒屋使いまで、多彩に利用できる点。ランチは旬の食材を使った3種類の定食が評判を呼んでいる。夜は囲炉裏を囲んで干物を炙りながらゆっくりと酒を楽しめる。また、裏庭の芝生では、持ち込みでバーベキューができる（要予約）。

① 肉汁たっぷりのとり天￥700は生ビール￥700と好相性。夫人の圭子さんが九州出身ということもあり、かしわ飯などの郷土料理が登場することも。② 広い座敷。「地元の人はもちろん、以前の店からのお客さんも家族と一緒に来られるような場所を作りたい」と西谷さんが地道にDIYで築き上げた。③ 土間のバーカウンター。④ 手作りの看板も粋な印象だ。⑤ 店主の西谷泰治さん、圭子さん夫妻。看板犬のランちゃんはゲストの人気者だ。⑥ 韮崎市街ののどかな田園風景を望む、一軒の民家。

DATA
☎ 0551·33·9990　🏠 山梨県韮崎市円野町入戸野1129-1
🕚 11:00～21:00(日は～15:00)　休 月、火　🅿 あり
他 ドッグラン付きのテラス席あり。ペットを室内に同伴の場合は要相談
🚋 電車/JR中央本線穴山駅より車で約8分、車/中央自動車道韮崎ICより約13分

☑ cafe　☐ restaurant　☐ bar

山梨・韮崎市
YUIMARU
ユイマル

一枚で大満足！
食感が楽しい彩りガレット

　地域で愛されてきた手打ちそば店が、ガレットメインの店へと転身。周りはサクッと軽やかに、中心に進むほどトロッと滑らかな食感だ。挽き方の異なる信州のそば粉2種を店主自らがブレンド。半日以上寝かせた生地を厚手の鉄板に薄く延ばして数十秒、強火でカリッと焼き上げている。定番のハムとチーズを使った「コンプレット」など、基本のメニューは4種類用意。また、手打ちそばも再開した。鰹ダシ香るそばつゆと、十割に近い外一そばが特徴。新旧の魅力を兼ね備えた店に進化中である。

① 焼いた生地にバターを塗り、砂糖をかけて作るガレット。キウイやベリー、バナナなどたっぷりのフルーツにアイスを添えた人気の一品。フルーツガレット単品¥1,000。② そば店時代から引き継ぐ趣のある店内。③ 焼きから盛り付けまで、全て店主の那須真紀さんが1人で手掛けている。④ 今後はそばメニューも増える予定だという。

DATA
☎ 0551・45・8955
🏠 山梨県韮崎市富士見1-6-20
🕐 11:00〜15:00、土・日・祝11:30〜16:00
🈺 不定休　🅿 あり
🚋 電車/JR中央本線韮崎駅より徒歩約5分、
　車/中央自動車道韮崎ICより約5分

生ハム、生野菜、クリームチーズ、ナ
チュラルチーズなどがのった人気の生
ハムガレット。単品¥1,100、スモール
¥800、セット¥1,500。

☐ cafe　☐ restaurant　☑ bar

山梨・韮崎市

CRAFT BEER &SMOKE TAP8

クラフトビール＆スモーク タップエイト

グラス120mlと女性にも飲み切りやすいサイズ感で、好きなビール3種を飲み比べることができるテイスティングセット¥1,350。

スモーク香るひと皿と個性的なビールで乾杯

東京のクラフトビール専門店で2年間店長を務めた店主の柳澤和也さんが、その人に合うスタイルを見つけ、おすすめの一杯を提案してくれる店。独立ピルスナーやペールエールなど基本のスタイルをベースに、初心者でも飲みやすいものから、コアなビールファンをうならせるものまで、日本各地の樽生クラフトビールを揃える。食事メニューは、スモーキーな香りが食欲をそそる自家製燻製料理を展開。昼限定で提供する「バタースモークチキンカレー」（¥1,200）も、こだわりを感じさせる人気メニューだ。

③

④

⑤

①

②

① 2種のソースを添えた、スモークチキングリル¥1,200。② 壁や床などは店主自らDIYで作った。③ シックな印象の落ち着いた店内では、店名にちなんだ8種類のクラフトビールを提供している。ビアサーバーの取っ手は、散歩中に拾ったという木の枝で装飾。④ ナチュラルチーズ、モッツァレラ燻製醤油漬け、いぶりがっこクリームチーズの、スモークチーズ3種盛¥1,300。⑤ 燻製塩サバのグリル¥800。⑥ 韮崎駅から徒歩3分。街を賑わせるアメリカヤ横丁の一角に『TAP8』はある。

⑥

DATA
☎ 0551・45・6984
🏠 山梨県韮崎市中央町1-14 2F
🕐 12:00〜14:00、18:00〜23:00
🛌 月、日の夜
🅿 なし
🚉 電車/JR中央本線韮崎駅より徒歩約3分、車/中央自動車道韮崎ICより約5分

☑cafe ☐restaurant ☐bar

山梨・韮崎市

トロッコ

**縁側でほっと一息
ご近所さんの憩いの場**

東京から家族と共に移住した、井上有希さんが営むカフェ。床の隙間から雑草が生えてくるほど荒れた状態だったという古民家を、コツコツと改装し心地良い場所を作り上げた。キッチンからは、定番メニュー「スパイスラムカレー」の香りが漂ってくる。都内の飲食店でパティシエとして長らく働いた経験を生かし、旬の素材を使った本格的なスイーツも提供。

① 和室に似合う古い家具は井上さんの母親が趣味で集めていたもの。② トマトベースのスパイスラムカレー。単品¥950、ドリンクセット¥1,400。③ りんごのクランブルタルト¥600。ざくざくとした食感に、甘いリンゴの風味を楽しんで。④ 自家製の焼き菓子も販売。⑤ 日差しが心地いい、明るい縁側。⑥ 店名である「トロッコ」の名前は井上さんの長男が命名したという。

DATA
🏠 山梨県韮崎市藤井町南下條1546
🕘 9:30〜15:30
🈳 金、土、日、月、祝
🅿 あり
🚌 電車/JR中央本線韮崎駅より徒歩9分、
　　車/中央自動車道韮崎ICより約5分

① ②

山梨・韮崎市

La Cueillette

キュイエット

開放的なぶどう畑を眺め野菜フレンチに舌鼓

　目の前に広がる一面のぶどう畑。その風景は、オーナーシェフの山田真治さんが修業を積んだフランス・シャンパーニュ地方を思わせる。地元である山梨県産の野菜や果物のおいしさに惚れ込んだ山田さんは、「こ

こには情熱をもって生産に取り組む農家さんがたくさんいます。この味を多くの人に味わってもらいたい」と話す。多彩な調理法で、それぞれの食材のうま味を存分に引き出したひと皿を堪能しよう。

① 八ヶ岳山麓鹿肉のロースト ソースポワヴラード。きめが細かく新鮮な山梨のジビエ。¥13,200のコースから。② 中村農場甲斐路シャモと小松菜のショー。山梨の地鶏を使用し、ささ身、モモ、白レバーの3層に仕上げている。¥8,800のコースから。③ 木を基調にした温もり溢れる店内。④ フランス郊外の一軒家を思わせる石造りの外観。

③

DATA
☎ 0551・23・1650
🏠 山梨県韮崎市穂坂町三ツ沢1129
🕐 11:30〜13:30(L.O.)、
　18:00〜20:00(L.O.)
🈺 火(祝日の場合は翌日休)　Ｐ あり
🚃 電車/JR中央本線韮崎駅より車で約10分
　車/中央自動車道韮崎ICより車5分
🈯 要予約　HP cueillette.jp

④

□ cafe ☑ restaurant □ bar

山梨・韮崎市

さくら茶屋
La passion

さくら茶屋 ラ パッション

農家だからこそ知る
本物の野菜のおいしさ

　シェフの小林裕一さんが腕を振るう『さくら茶屋 La passion』は、西洋料理をメインとしながら和食の要素も取り入れているのが特徴。特に小林さんの父が所有する自家農園で採れた野菜は、おいしいのはもちろん鮮度も抜群だ。有機堆肥を使った低農薬栽培なので体にも優しい。地元の旬の食材を用いた料理や、山梨県産の厳選したワインが訪れる人々を楽しませてくれる。

①

④

②

③

① 人気メニューのひとつ、野菜のテリーヌ・マスタード風味のクレム一添え。コースの一例。② 甲州乳酸菌豚クリスタルポークのロースト 県産ヴィネガーのソース。③ 茅ヶ岳南麓・明野町にある小林さんの自家農園で採れた野菜をふんだんに使用している。④ 洗練された中にもどこか懐かしさを感じさせる南フランス風の外観。夏場はテラスでの食事がおすすめだ。

DATA
☎ 0551・23・0030　🏠 山梨県韮崎市藤井町南下條171-1
🕐 11:00～15:00(L.O.14:00)、17:30～21:00(L.O.20:00)
🈶 月(祝日の場合は翌日休)　🅿 あり
🚃 電車/JR中央本線韮崎駅より徒歩約20分、
　　車/中央自動車道韮崎ICより約2分
🌐 sakurachaya-lapassion.com

富士見・原村 エリア

□ cafe　☑ restaurant　□ bar

長野・富士見町

朝喫茶ちっと

あさきっさちっと

栄養満点な朝ごはんで
朝から元気をチャージ！

　具だくさんの味噌汁にほかほかのごはん。日本本来の朝ごはんが味わえる小さな喫茶店。味噌汁に使う味噌は地元のおばあちゃんたちが作る富士見高原味噌。地元の野菜をふんだんに盛り込んだ味噌汁は食べごたえ満点だ。ツヤツヤに炊けたごはんと、きんぴらごぼうや玉子焼きなど、優しい味わいの総菜も付き、朝から心も体も癒される。

① 朝ごはんセット￥700。約10種類もの野菜が入る味噌汁に、店主の知人が栽培するこしひかり、旬の素材を使う総菜が付く。② カウンター6席のみの小さな店内。③ 乳脂肪分が多めの牛乳を使って作る昔なつかしい牛乳寒天￥300。レトロな器もキュート。④「朝ごはんが好きだから」という理由で店を始めた、笑顔が素敵な店主の五味美香さん。⑤ 店は地元客にも愛される憩いの場。

DATA
☎ 080・2590・1501
🏠 長野県諏訪郡富士見町富士見4654-856
🕐 7:00〜13:00　🚫 水、木　🅿 あり
🚉 電車/JR中央本線富士見駅より
　　徒歩約2分、
　　車/中央自動車道諏訪南ICより約10分

☑ cafe ☑ restaurant ☐ bar

長野・富士見町

suzunone-cafe

スズノネカフェ

娘町飯¥1,500。旬の食材を使った釜飯に手作りの総菜などが付く御膳スタイル。デザートかコーヒーを選べる。前日までに要予約

地元の食材を使った料理で富士見町の魅力を発信

　1年を通してさまざまな山野草が咲く入笠山の麓にあるカフェ。料理のコンセプトは「地産地消」。地元の人が届けてくれる野菜や、富士見町の女性メンバーが作る高原味噌などを使った料理を堪能できる。人気メニューは、富士見町の「じゅんかん育ち」と

いう品種の米と季節の素材を炊き上げる釜飯（前日までに要予約）。うま味たっぷりの釜飯はそのままはもちろん、焼き味噌をつけて味わうのもまた格別だ。「ここは入笠山と街との中間地点。富士見町の魅力を伝える場として貢献したい」と店主は語る。

③

④

⑤

①

②

① 大きな窓の向こうには、森の緑と雄大な入笠山を一望できる。たまにリスが遊びに来ることも。② 炊き込みごはんか混ぜごはんに、かごに盛られた5品の小鉢が付く御膳A¥1,100。③ たっぷりのフルーツとアイスクリーム、自家製フルーツソースをあじらったデザートワッフル¥900。④ スズランの刺繍入りブックカバーなど、雑貨類の販売も。お土産選びにも最適。⑤「地元の人や観光客が交流できる場を目指しています」と店主の牛山由実子さん。⑥ 絵本に出てくるようなキュートな建物。

⑥

DATA
☎ 0266·75·1587
🏠 長野県諏訪富士見町富士見6666-46
🕐 9:30〜16:00(L.O.15:30)
🚫 木、第3水
🅿 あり
🚃 電車/JR中央本線富士見駅より
　　車で約7分、
　　車/中央自動車道諏訪南ICより約7分
🌐 suzunone-cafe.com/

☐ cafe ☑ restaurant ☐ bar

長野・富士見町

osteria agiato

オステリア アジアート

料理から内装まで
至る所に店主の思いが満載

　東京や蓼科のレストランで経験を積んだ店主が、生まれ育った富士見で店をオープン。食材は地産のものを中心に揃え、その持ち味を引き出すため調理は極力シンプルに。また、森の中にある店舗は訪れる人の期待を高める雰囲気を醸していて、築80年の古民家の内装は店主のこだわりが随所に感じられる。納得のいくもてなしを行うため、ディナーは完全予約制だ。

① 地元で採れた椎茸やリンゴと共に、信州の銘柄鶏「信州福味鶏」をじっくりロースト。かりんのソースと合わせればフルーティーな味わいに。② 諏訪産の後山豚のトマト煮込み 細川農園の有機カブ添え。③ 地元で採れたバジルをソースにし、手打ちパスタに絡めたジェノバ風トロフィエ。④ 富士見町南原山の平飼い鶏の卵のフリッタータ。料理は全てコースの一例。⑤ 店内はストーブを中心に配した温かみのある空間。洗練された料理を肩肘を張らずに楽しめるのがうれしい。⑥ 森の中に静かに立つ店舗は、まさに隠れ家風の佇まい。

DATA
☎ 0266・62・7040
🏠 長野県諏訪郡富士見町落合9942-1
🕐 11:30〜14:00(L.O.)、
　 17:30〜21:00(L.O.)
🈂 日、臨時休業あり　Ｐ あり
🚃 電車/JR中央本線富士見駅より徒歩約10分、
　 車/中央自動車道諏訪南ICより約10分
ⓗ ディナーは前日までに要予約
🌐 www7b.biglobe.ne.jp/osteria_agiato/

☑cafe ☑restaurant □bar

長野・原村

GREEN EGG

グリーンエッグ

アジア各国の料理が揃う エキゾチックなカフェ

タイやスリランカ、カンボジアなど、アジア各国を旅してきたご夫婦が営むカフェ。料理は旅先で味を身に付けた多国籍料理。本場の味わいを再現しつつ、この店流にアレンジされたメニューの数々は地元の子どもからお年寄りまで幅広い年代に愛されている。種類豊富なワッフルや、自家製ケーキなどのスイーツ類も人気だ。料理はもちろん、旅の思い出を共に語らうのも楽しい。

①米麺とたっぷりの野菜を使用したタイ風焼きそば、パッタイ¥750。②バニラワッフル¥720。メープルシロップと自家製ジャムをかければおいしさ倍増。③山小屋風の店舗。店先にはテラス席もあり、ペットの同伴も可能。④店内は木の温もりと異国の装飾が見事にマッチ。

DATA

☎0266・75・3850
住 長野県諏訪郡原村17217-3765
営 11:00〜15:00
休 水、木(2月は休業)　P あり
交 電車/JR中央本線すずらんの里駅より車で約15分、
車/中央自動車道諏訪南ICより約15分
他 ペットはテラス席のみ可

☐ cafe　☑ restaurant　☐ bar

①

長野・富士見町

蕎麦にしむら

そばにしむら

毎日石臼で挽く香り豊かなそばが食通を唸らせる

　挽きたて、打ちたて、茹でたての三たてそばが味わえる。使うそば粉は富士見町内葛窪で栽培された「信濃1号」を、皮だけを取り除く「丸抜き」で入手。毎日使う分のみを店内の石臼で挽き、手打ちして

いる。おすすめは、自慢のそばに、そばがきやかやくごはんなどがセットの「そば定食」（¥2,200）。併設する「ル・キャトルセゾン」のスイーツと、1杯ずつ丁寧に入れる香り高いコーヒーが付くのもポイントが高い。

③

DATA
☎ 0266・62・7078
🏠 長野県諏訪郡富士見町
　富士見3679-18
🕐 11:00～14:00
🈺 日、月　🅿 あり
🚉 電車/JR中央本線富士見駅より
　徒歩約10分、
　車/中央自動車道諏訪南ICより約10分

②

① 真っ白な一番粉を使用した見た目も美しい盛りそば¥1,100。② ひきたてのそば粉を練ったシンプルなそばがきもファンが多い逸品。もっちりとした弾力があり、そばの風味が凝縮している。③ そば通も足繁く通う、知る人ぞ知る名店だ。

①

③ ④

長野・原村

Ristorante DANLO

リストランテ ダンロ

シェフ夫妻が自ら採取する
キノコが自慢のイタリアン

　ランチ、ディナー共にコースで提供するリストランテ。料理は南信州産の熟成黒豚や地元の野菜、そして、シェフ夫妻が長野県内で採取するキノコが自慢。採れるキノコはフランスでは高級食材の「アミガサダケ」や、長野では「ヤマドリタケ」と呼ばれるポルチーニなど多種多様。そのほかにも珍しいキノコが満載で、それらを使ったイタリアンは食通をも唸らせている。

① メイン料理の一例。南信州産の熟成黒豚の肩ロースのソテー。ヤマドリダケモドキのソテーなども一皿に。② 温かい前菜として提供されるアカヤマドリタケのリゾット。③ 春夏秋冬、さまざまなキノコが採取され、それらの持ち味をシェフが最大限に引き立てる。④ オーナーシェフの松本武さん。「信州のキノコは味、香り共に格別です」。⑤ 自然を眺めながら食事を楽しめる店内。⑥ ウエスタンレッドシダーをあしらった外観。

⑤

DATA
☎ 0266・63・1479
🏠 長野県諏訪郡原村16267-1311
🕐 12:00〜、17:30〜
休 月、火、第1日　P あり
🚃 電車/JR中央本線すずらんの里駅より
　　車で約8分、
　　車/中央自動車道諏訪南ICより約7分
🏠 ランチ、ディナー共に前日までに要予約
HP ristorante-danlo.com/

⑥

大泉
長坂
小淵沢
高根
清里
白州
須玉
韮崎
富士見
原村
茅野
蓼科
諏訪

☐ cafe ☑ restaurant ☐ bar

①

長野・富士見町

オンリ[onri]工藝とおむすび

オンリこうげいとおむすび

草木染めの雑貨と手作りおむすびに癒される

築80年程の建物をリノベーションした趣のある建物の中を覗くと、店主の佐渡勝行さんがハンドメイドした草木染めの小物類やアンティーク雑貨が販売され、その一角にはカフェスペースも設けられている。カフェで味わえるのは、夫人の奈々さんが握るおむすび。丁寧にダシを取る味噌汁や、主に地元で採れた季節の素材を使った付け合わせもおいしさがじんわりと伝わってくる一品だ。

DATA
☎ 070・8405・8289
⊕ 長野県諏訪郡富士見町富士見4654-73
🕐 11:00〜16:00
🈺 日、月、火
　臨時休業あり(詳細はインスタグラム@onri_fujimiにて)
🅿 あり
🚃 電車/JR中央本線富士見駅より徒歩約2分、
　車/中央自動車道諏訪南ICより約8分
🌐 onrifujimi.stores.jp/

① おむすびセット¥990〜。具は梅や昆布など12種類から選べる。② 草木染めの手ぬぐい¥2,200〜。化学染料ではなく、自然に植生する草木やタマネギの皮などを染料に利用するのが店主のこだわり。③ 洋菓子店だった建物を利用した店舗。

☐cafe ☑restaurant ☐bar

Nº 076

長野・原村

カナディアンファーム

高原の爽やかな空気の中で 絶品のケベック料理を満喫

今年で設立41年目になる宿泊も可能なレストラン。名物オーナーの"ハセヤン"こと長谷川豊さん自らが腕を振るうケベック料理を味わえ、石窯で豪快に焼き上げる料理や、特製の燻製装置で仕込む自家製ハムなど、この店でしか味わえない逸品ばかり。レストラン以外にも長谷川さん手作りの多彩なレクリエーション施設があるので、自然の中でとっておきの休日を楽しめる。

① 石窯で焼き上げるチキンバーベキューロースト¥1,400。皮はパリパリ、中はジューシーな味わい。② この店の名物料理の一つ、スモークサーモンのオードブル¥800〜。自家製のスモークサーモンは取り寄せも可能。③ 大自然が目の前に広がる2階にあるテラス席。④ 天然酵母だけで発酵させ、石窯で焼く「ハセパン」。⑤ 30℃以下で魚や肉を燻せる冷燻装置。⑥ 原村の自然の中に立つ施設。

DATA

☎ 0266・74・2741
住 長野県諏訪郡原村1077-7
営 11:30〜15:00(L.O.14:00)、17:00〜19:00
休 無休(1〜3月は火・水) P あり
交 電車/JR中央本線茅野駅より車で約20分、車/中央自動車道諏訪南ICより約20分
他 ディナーは要予約、ペットは屋外席のみ可
HP www.go-canadianfarm.com/jp/

N° **077**

☐ cafe ☑ restaurant ☐ bar

茅　野 エリア

🍴 🍷 🐾 🌙 🕯 👜 📷 📱

長野・茅野市
手打ちそば 12ヶ月
てうちそば じゅうにかげつ

丁寧な手打ちそばと
月替わりの前菜を堪能

　和食の板前やそば職人として長年経験を積んだ店主が営む店。そば粉は八ヶ岳山麓産の2種類をブレンド。適度な歯ごたえと、つゆがたっぷりと絡む細打ちのそばが店主流だ。そのつゆも和食の経験を生かし、鰹や昆布のほか、あご干しのダシも加えて奥行きのある味わいに仕上げている。そんなそばと一緒に楽しめるのが月ごとに内容が変わる前菜盛り。「季節の食材で信州の12ヶ月を味わってほしい」。店名には店主のそんな思いが込められている。

① 店主の坂下浩治さん。20歳のときに埼玉県から移住し、和食を10年、そば職人として10年以上腕を磨いたスペシャリスト。② 昭和の古民家の趣をそのまま残し、店舗に改装した店内。木の温もりが広がる。③ ドリンクと自家製デザートが付くセットは¥2,200。④ 店舗はどこか懐かしい風情が漂い、温かみが感じられる。

DATA
☎ 0266・78・8454
🏠 長野県茅野市豊平南大塩3752-2
🕐 11:00〜15:00(L.O.14:30)
🚫 木、臨時休業あり　Ⓟ あり
🚋 電車/JR中央本線茅野駅より
　　メルヘン街道バスぴあみどり下車徒歩約10分、
　　車/中央自動車道諏訪南ICより約20分
🌐 www.instagram.com/
　　teuchisoba.12kagetsu

②

③

④

旬の素材を盛り込んだ前菜
と繊細ながら風味豊かな手
打ちそばを味わえる12ヶ月
セット¥1,815。そばはせいろ
かかけそばから選べる。

☐ cafe　☑ restaurant　☐ bar

長野・茅野市

スープカリー茶房
和月

スープカリーさぼう なごみづき

**和食出身の店主が作る
独創的で本格的なスープカレー**

　茅野市内で日本料理居酒屋『和dining
月とすっぽん』を営む主人の堀田偉文さん
が「ランチで提供したいと思っていたスープ
カレーを味わってもらいたい」と、自宅を改
装して専門店をオープン。堀田さん渾身の
スープカレーは、ハーブやスパイスを駆使し
ながらもマイルドな味わい。「特製すっぽん
カレー」や「ヴィーガンカレー」などメニュー
は種類豊富。

① シーフード＆彩り野菜たっぷりのスープカリー¥1,700。
② イチゴやキウイなどに紅茶を注ぐフルーツティー2人前
¥1,200。食後のドリンクにも最適。③ 広々とした和室を
開放した店内。靴を脱いでくつろぐことができる。④ 店舗
は店主の自宅を改装した趣のある佇まい。

DATA
☎ 080・5556・6207
🏠 長野県茅野市泉野6645
🕐 11:00〜15:00
🈺 月　🅿 あり
🚗 電車/JR中央本線茅野駅より車で約16分、
　　車/中央自動車道諏訪南ICより約10分
🌐 www.instagram.com/
　　soupcurry.nagomizuki

¶¶ ♀ ⊛ ☾ 🛍 🖼 📳

長野・茅野市

ca'enne
カエンネ

薪火を使って仕上げる
里山の極上イタリアン

「薪を使って地元の素材を生かしたイタリアンを」と語る店主。薪火は独特の蒸気で表面はカリっと、中はふっくらと焼き上がるのが特徴で、香ばしく、しっとりとした肉や魚はまさに絶品。また、パスタマシンは使わず、麺棒で丁寧に延ばす自家製パスタや、料理に使う野菜やハーブのほとんどは自ら育てているなど、店主のこだわりがとことん詰まったとっておきの店だ。

① 八ヶ岳の湧き水で育てた信州サーモンに畑の野菜やハーブを添えたコースの一例。②「たてしな山麓豚肩ロースの薪焼き」。コースはランチ、ディナー共に¥15,000。③ 明るく爽やかなテーブル席。調理風景を眺められるカウンター席もあり。④ 常に向上心を持つ店主の臼井憲幸さん。⑤ 八ヶ岳で採れた天然の「ポルチーニ茸トレネッテ」。⑥ 蓼科の別荘地にある、食通からも支持の高い店。

DATA
☎ 050・3159・5561
🏠 長野県茅野市平字東嶽10222-25
🕐 12:00～最終入店12:30、
ディナー18:00～の一斉スタート
※いずれも前日までに要予約
🚫 木、不定休　Ⓟ あり
🚃 電車/JR中央本線茅野駅より
車で約20分、
車/中央自動車道諏訪南ICより約20分
🏠 caenne.com/

☑ cafe　☑ restaurant　☑ bar

長野・茅野市

Beer & Cafe
大麦小麦

ビア アンド カフェ おおむぎこむぎ

地元野菜を使った料理と
クラフトビールが評判！

　大麦はビール、小麦は自家製ケーキを意味し、スイーツ、食事、ビールが楽しめる店。料理には、無農薬野菜を作る農家などから仕入れる新鮮な地元野菜をたっぷり使用。シンプルなサラダをはじめ、ローストしたり、スパイスと煮込んだりと、どれも野菜本来の滋味を生かす調理法。種類豊富なクラフトビールも自慢で、夜はバーニャカウダといったビールと好相性の一品も揃う。

① 夏の菜園プレート（夏季限定）¥1,300。スープやケークサレ、ラタトゥイユなど彩り豊かでボリュームも満点。② クラフトビールは瓶のほか、なくなり次第変わる樽生もある。③ ギネスビールに漬けたドライフルーツを使ったケーキなど、本日のスイーツ盛り合わせ¥770〜。④「ビールがおいしい国のパブ」をイメージしたという店内。⑤ 田園の中に立つ店舗はブルーの屋根が目印。

DATA
☎ 0266・73・7539
🏠 長野県茅野市玉川神之原4164-7
🕐 12:00〜21:00(L.O.)、
　土、日、祝11:30〜22:00(L.O.21:00)
🈺 木　Ｐ あり
🚃 電車/JR中央本線茅野駅より車で約10分、
　車/中央自動車道諏訪ICより約20分
🈶 価格は改定する場合あり

🍴 🍷 🐾 🌙 👜 🖼 📱

①

長野・茅野市

さくらさく

昔ながらの栄養食、馬肉料理を地酒とともに

　江戸時代から馬肉文化が栄えたという茅野界隈。馬肉は滋養強壮にもいいとあって、今でも地元ではよく食べられている。中でもこの店では多彩な馬肉料理を提供。多くの人が注文するのが鮮度抜群の馬肉の刺し身盛り合わせ。カルビやサーロインなど5種類の部位を食べ比べできる。柔らかな馬肉に甘辛い割り下が絡む馬肉のすき焼き、さくら鍋もぜひ味わいたい。諏訪八蔵の地酒とともにゆったりと馬肉料理を堪能しよう。

① 本日の特選五種盛り¥3,470。赤身のうま味が濃厚なモモや、脂が甘くとろけるようなサーロインなど、部位によって違った味わいを楽しめる。② さくら鍋セット1人前¥2,250（注文は2人前～）。写真は3人前。③ 高品質の馬肉が地元でも評判の店。

②

③

DATA
☎ 0266・77・8298
🏠 長野県茅野市ちの茅野町3076
🕐 11:30～14:00、17:00～22:30
🈺 月、火　Ⓟ なし
🚗 電車/JR中央本線茅野駅より徒歩約1分、車/中央自動車道諏訪南ICより約10分
🔗 www.sakura39-chino.com/

☐ cafe ☑ restaurant ☐ bar

🍴 🍷 ⊕ 🌙 🛍 📷 🔊

長野・茅野市

農家食堂
傍/katawara

のうかしょくどう かたわら

農業に勤しむ夫婦が作る
自然の恵み満載の料理

「家族が受け継いできた畑や蔵を生かしたい」という若いご夫婦が営む店。ご夫婦は農業もしており、農薬や化学肥料不使用の野菜をふんだんに使った、優しい味わいのメニューが揃う。また、地元のそば粉と清らかな水を使って毎朝手打ちするそばも自慢。「自分達が育てた野菜の行く末を見届けたい」。そんな気持ちのこもった料理をゆったりと味わいたい。

①

③

① 天ぷら＆おそばのセット¥1,870。そばは盛りそばかかけそばが選べ、盛りそばを選ぶと2種のつゆで2色のそばを味わえる。② ホワイトと木目を基調とした明るい店内。③ 店内では自家製の無農薬野菜（7～10月頃）や、加工食品の販売も。④ 店舗の横には貫禄漂う蔵も立つ。

DATA
☎ 0266・55・6101
🏠 長野県茅野市泉野5931-100
🕐 11:00～15:00（L.O.）
休 火　Ｐ あり
🚃 電車/JR中央本線茅野駅より車で約20分、車/中央自動車道諏訪南ICより約15分
他 ペットはテラス席のみ可
🏠 www.applenoodleinc.work/

④

②

長野・茅野市
梅蔵
うめぞう

東京・築地仕込みの腕と
魚介や地元食材が見事に融合!

　築120年以上の古民家を改装したレストラン。店主の高良美保子さんは、築地のイタリアンレストランで修業をした後、故郷である茅野市に戻って同店を開店。地元で採れる新鮮な野菜に、春は島アサリ、夏はアジ、冬にはカニといった魚介を合わせた絶品イタリアンを提供している。「里芋のパスタ」や「りんごのピザ」など、高良さんのセンスが光る創作メニューも人気が高い。

① むき出しの梁や柱などが重厚ながらも風情がある店内。② 旬野菜のペペロンチーノ¥968や、ズッキーニのピザ¥935など、料理には旬の地元野菜が盛りだくさん。③ 食欲をそそる香りが漂う厨房スペース。④ テラス席も30席はある郊外の隠れ家イタリアンン。

DATA
☎ 0266・82・7050
🏠 長野県茅野市豊平3508-1
🕐 11:00～22:00(L.O.20:00)
🈺 水
Ｐ あり
🚗 電車/JR中央本線茅野駅より
　　車で約10分、
　　車/中央自動車道諏訪南ICより約15分

大泉
長坂
小淵沢
高根
清里
白州
須玉
韮崎
原村
富士見
茅野
蓼科
諏訪

☐ cafe ☑ restaurant ☐ bar

長野・茅野市

Soups Yatsugatake

スープス ヤツガタケ

たっぷりの具が体を癒す
食べるスープ専門店

　店名が示すとおり、この店の看板メニューはスープ。近隣の畑で採れた野菜のほか、オーナーの佐藤武朗さんが自ら農家を回って収穫した多彩な具材を使用。そんなスープは量もたっぷりで、味も抜群。スープだけでも満足する客が多数いるという。おいしさはもちろん、体にも優しいスープは、オーナーの思いと八ヶ岳ならではの恵みが詰まった、ほかでは味わえない一品だ。

① スープをメインにサラダ、ケークサレなどがセットになった地元野菜がふんだんのワンプレートセット¥1,480〜。② 窓から光が差し込むナチュラルな店内。③ のどかな自然の中にある民家を再利用した店舗。④ テーブルなどに飾られた庭に咲く季節の花が癒し度を倍増。

DATA
- ☎ 0266・76・5218
- ⊕ 長野県茅野市豊平10355
- ⊗ 11:30〜15:00(L.O.)、18:00〜21:30(L.O.20:00)
- ⊛ 火、水　Ⓟ あり
- ⊗ 電車/JR中央本線茅野駅より車で約15分、車/中央自動車道諏訪南ICより約15分
- ⊕ 冬季のディナーは要予約

蓼　科 エリア

N° **085**

☑cafe　☑restaurant　☐bar

長野・茅野市

TINY GARDEN 蓼科

タイニー ガーデン たてしな

登山の拠点地としても
休日の癒しの場としても

　感度の高い大人に人気のセレクトショップ「アーバンリサーチ」が運営するリゾートホテル。白樺や落葉樹に囲まれた風光明媚な蓼科湖のほとりにあり、宿泊者以外でもランチやディナー（ディナーは要予約）の利用が可能。地元の食材を使った野菜たっぷりのメニューを堪能できる。自然に囲まれた非日常空間で癒しのひとときを過ごすことができる、絶好のロケーションだ。

① モダンでありながら自然と一体化した開放的な空間のテラス席。② 地元の野菜などをたっぷり盛り込んだランチメニュー。一品一品素材の味を生かした本格派。③ 湖のほとりにある施設。館内にはアウトドアファッションを中心とするショップも充実し、買い物も楽しめる。

DATA
☎ 0266・67・2234　🏠 長野県茅野市北山8606-1
🕚 11:00〜16:00
　（ランチは11:30〜14:00、ディナーは要問い合わせ）
🈹 不定休　Ｐ あり
🚃 電車/JR中央本線茅野駅より車で約30分、
　車/中央自動車道諏訪ICより約30分
⭕ ディナーは3日前までに要予約、
　ペットはテラス席のみ可（ディナー不可）
🌐 www.urban-research.co.jp/special/tinygarden/

☑ cafe　☑ restaurant　☐ bar

長野・茅野市

蓼科食堂やまのいき あめのこえ

たてしなしょくどうやまのいき あめのこえ

あめのこえ定食¥1,650。メインはジャガイモと大豆と凍豆腐のコロッケ。雑穀米や種類抱負な副菜が付き、栄養バランスも抜群。

素材の魅力を引き出す心躍るビーガン料理

「いつか夫婦2人で理想の店を出したい」と願っていたご夫婦が蓼科の地に移住し、夢を実現させた一軒。味わえるのは、週替りで登場する雑穀料理をメインに数種類の総菜を組み合わせた「あめのこえ定食」と、2種類のカレーを楽しめる「やまのいき定食」。ケーキやマフィンなど、スイーツも手作りしている。どれも小麦粉や動物系の食材、砂糖を使わないビーガン料理。「難しいことは考えず、ビーガンの人もそうでない人も楽しく味わってもらえたら」と夫人の小久保慧さんは語る。

③

④

⑤

①
②

②

⑥

①②もともと工場だった場所をセルフリノベーション。古材を組み合わせた家具のほとんども2人の手作り。③りんごと豆乳ヨーグルトを使ったクリームをのせたタルトレット¥550。④間伐材の針葉樹を活用できる、レトロなカラマツストーブ。エネルギーの循環も地産地消。⑤店主ご夫妻の小久保裕幸さんと慧さん。「蓼科の大地を表現したくて風と水を表す"やまのいき あめのこえ"と名付けました」。⑥山々に囲まれたロケーションにポツンと立つ店舗。

DATA
☎ 090・9255・6220　🏠 長野県茅野市湖東笹原1143-2
🕐 11:00〜15:00（L.O.14:00）　✖ 日、月、火、祝　Ｐ あり
🚗 電車/JR中央本線茅野駅よりメルヘン街道バス鉄山入口下車より徒歩3分、車/中央自動車道諏訪ICより約30分
🌐 uratakao.com/

☑ cafe ☑ restaurant ☐ bar

長野・茅野市

農家食堂
cucina KIMURA

のうかしょくどう クッチーナ キムラ

100%自家製で安心・安全
野菜がふんだんなイタリアン

　緑豊かな風景を望む、イタリアンレストラン。店のすぐ隣には自家栽培の畑があり、オーナーシェフの木村洋介さんは、農薬や化学肥料を一切使わず、「自然が植物を育てる」という思いでイタリアの伝統的な野菜を栽培し、その野菜をふんだんに使った一皿を仕上げる。野菜は採れたてにこだわり、料理を作る直前に畑で収穫するという徹底ぶり。新鮮な野菜だけが持つ豊かな香りを大切にするため、調理もシンプルそのもの。野菜本来の滋味深い味わいを堪能でき、体にエネルギーがみなぎるのを実感できる。

①②前菜やメインには自慢の野菜がもりだくさん。料理はアルコールとジェラートを除き、フルコースを丸ごとテイクアウト、またはデリバリーが可能。③採れたての野菜は色鮮やかで、見るからにフレッシュ感が伝わる。④イタリア「Rocket」社のエスプレッソマシンで入れるエスプレッソ¥300も自慢。⑤蓼科の大自然を満喫できる店内。アンティパストやイタリア産のハム類やチーズも販売している。⑥シェフの木村さんは家族で農業を行っているほか、小・中学生の農業体験などにも協力している。

DATA
- ☎ 0266・78・8007
- 🏠 長野県茅野市北山5522-327
- 🕐 12:00～16:00、18:00～20:00
  ※土日は18:00～20:00
- 🚫 正月、GW、お盆などの全ての連休　🅿 あり
- 🚃 電車/JR中央線茅野駅より
  メルヘン街道バス蓼科ビレッジ入口下車より
  徒歩3分
  車/中央自動車道諏訪ICより約30分
- ℹ️ ディナーは完全予約制、ペットはテラス席のみ可
- 🆔 r.goope.jp/nouka-shokudo/

ディナーコースは限定で生パスタが登場。写真は手打ちの生パスタ「ストリケッティ」空豆とプロシュートのセージバターソース。

④

⑤

①

長野・茅野市

オーベルジュ エスポワール

ジビエや信州野菜を巧みに扱うとっておきフレンチ

　農林水産省選定の「地産地消の仕事人」として、また「信州ジビエ料理の先駆者」として、その名を知られる藤木徳彦氏がオーナーシェフを務める、宿泊施設も備えたフレンチレストラン。シェフは信州産の食材とフレンチの技巧を見事に融合。"ここだけでしか食べられない味"が評判を呼び、全国各地から食通が訪れるほど。「おいしい野菜を作る農家さんの思いを料理で伝えていきたい」と藤木さんは語る。

③

DATA
☎ 0266・67・4250　🏠 長野県茅野市北山5513-142
🕐 12:00〜13:30（L.O.）、17:45〜19:00（L.O.）
🏠 木、週1回不定休あり（2月中旬〜3月中旬は休業）
🅿 あり
🚗 電車／JR中央本線茅野駅よりメルヘン街道バス
　　緑山下車徒歩2分、
　　車／中央自動車道諏訪南ICより20分
🌐 www.auberge-espoir.com/

②

① 国産ジビエ認証を受けた鹿肉のポワレを温製サラダ仕立てにしたコースの一例。② 夏から秋にかけての天然キノコをふんだんに使った香り高い一皿。単品での注文も可能。③ 標高1,300m、豊かな自然に囲まれた蓼科中央高原内にあるオーベルジュ。

①

長野・茅野市

指北庵
しほくあん

古き良き古民家で、諏訪地方の伝統料理を堪能する

　築120年ほどの古民家を利用した食事処。いただけるのは元栄養士の店主・矢島千波さんが手掛ける諏訪の郷土料理。食べごたえのある照り焼きに仕上げた凍り豆腐や、酒粕で和えたきゅうりの粕もみ、この地方ではお盆によく食べるという、優しい甘さの「のたもち」など、珍しい料理の数々がずらり。「ここの料理は手間ひまや愛情が感じられ、食べると元気になる」と足繁く通う常連も少なくないのだとか。

① 塩丸イカの酢の物など、諏訪地方の郷土料理を盛り込んだランチ¥1,400。15〜16食限定で要予約。② 古民家ならではの温もりが溢れる店内。ドアの向こうには季節の花が咲く庭を望むことができる。③ 千波さんの実家の隣に立つ風情漂う古民家店。

DATA
☎ 0266・55・6315
⊕ 長野県茅野市北山6701
🕙 10:00〜17:00（ランチは11:30〜13:30）
休 月、火、水　P あり
🚃 電車/JR中央本線茅野駅より車で約15分、車/中央自動車道諏訪南ICより20分
他 ランチメニューは要予約

☑cafe ☐restaurant ☐bar

①

長野・茅野市

TOP's 360°

トップスさんびゃくろくじゅうど

窓からの絶景に感動！高原の中腹にある1軒のカフェ

毎年多くのスキーヤーが訪れる車山高原スキー場。その乗り継ぎ地点に立つこの店は雄大な山々が360℃見渡せる絶好のロケーション。その景観もさることながら、メニューの充実ぶりが大評判だ。車山の天然水「天狗水」で入れるコーヒーや、地元産の果物を使ったフレッシュジュースといった種類豊富なドリンク類に加え、自家製のスイーツ、ピザやトーストなどの軽食もスタンバイ。ぜひ窓際の席を確保して味わいたい。

③

DATA
☎ 0266・68・2723　🏠 長野県茅野市北山3413
🕐 10:00〜15:00（ランチ営業は7、8月と冬季のみ）
📅 不定休 ※11、4月は冬季休業
🅿 なし
🚉 電車/JR中央本線富士見駅より車で約50分、
東山展望リフトスカイライナーに乗車、
車/中央自動車道諏訪南ICより約45分
🐾 テラス席のみペット可

②

① まるでカタログから飛び出したようなお洒落な空間。南に面した席からは、八ヶ岳連峰のほか、天気が良ければ富士山が見られることも。② 小腹がすいたときにぴったりなミックスピザ￥1,280。③ 冬はスキーヤー、夏はトレッキングの客で賑わいを見せる。

諏訪 エリア

☑ cafe　☑ restaurant　☑ bar

🍴 🍷 🐾 🌙 🛍 🖼 📱

長野・諏訪市

日と宵
ひとよい

昼はおにぎりと洋菓子
夜は粋な肴で一献

　昼間はおにぎりのランチ、夜は日本酒と一品料理を提供。店主の遠藤彩子さんと妹の文菜さんが笑顔で出迎えてくれる。文菜さんは主におにぎりと焼き菓子を担当。文菜さんが握るおにぎりは、米の甘味がしっかりと感じられる素朴な味だ。酒のつまみは、彩子さんが手掛ける。信州産の豚の柔らかいスペアリブなど、地元の厳選素材を使い日本酒を引き立てる味が揃う。

① タコさんウインナー¥380、信州味噌に漬けたクリームチーズ¥380、日本酒¥500〜。② 右奥からブルーベリーマフィン¥250、レモンマフィン¥250、スコーン¥150。好きな焼き菓子1個とドリンクセット¥500もある。③ 店内には日本酒が多く置かれている。④ 店主姉妹の遠藤彩子さん（右）と文菜さん（左）。⑤ 右から本金純米吟醸¥500、御湖鶴¥600、而今¥700（各100ml）。⑥ 路地にひっそりとある店。

DATA
☎ 070・8999・7052
🏠 長野県諏訪市諏訪1-13-9
🕐 12:00〜23:00（月、第3火は18:00〜）
🈁 日、第3月、祝不定休　🅿 なし
🚃 電車/JR中央本線上諏訪駅より
　　徒歩約2分、
　　車/中央自動車道諏訪ICより約14分

☐ cafe ☑ restaurant ☐ bar

🍴 🍷 🐾 🌙 👜 📷 📱

長野・諏訪市

La Truite

ラ トリューイットゥ

自家製野菜を基本に
肉や魚も地元産を意識

　ホテルやレストランで腕を鳴らしたシェフの原和也さんが、自宅の畑で採れる野菜を中心とした料理を提供するフレンチ。広大な畑で原さんが作る野菜は1年を通して種類が豊富で、その日に採れた野菜が巧みに盛り込まれている。「魚や肉など、野菜以外の素材もなるべく長野県産を使うようにしています」と原さんが話すように、地元食材のおいしさを再認識できる。

① 明科大鱒のマリネ。北アルプスの水で育った大鱒は脂の質が良く、鱒本来のうま味が感じられる。ディナーコース¥8,800〜の一例。② 長野県産鮎のポワレ ひまわりとオゼイユ ドライトマトのソース。③ ランチ¥2,000の一例。赤ワインソースで味わう諏訪味豚は柔らかく肉のうま味が濃厚。④ 店主の原和也さん。⑤ どこかレトロな雰囲気が漂う空間。⑥ 古いビルの2階にあるレストラン。

DATA
☎ 0266・55・5029
🏠 長野県諏訪市小和田南14-2 宮沢ビル2F
🕐 11:30〜14:00(L.O.)、
　　17:30〜20:30(L.O.)
❌ 水、第1・3火、不定休あり
Ⓟ あり
🚃 電車/JR中央本線上諏訪駅より徒歩約13分、
　　車/中央自動車道諏訪ICより約13分

🍴 🍷 🐾 🌙 👜 🏠 📱

長野・下諏訪町

MARUSANcafe
マルサンカフェ

カフェ併設の生花店で
午後のひとときを過ごす

　下諏訪町で長年親しまれる生花店が、フラワーショップ併設のカフェとして2022年にリニューアル。カフェで供されるスイーツは、茅野市にある日本料理店『無名』の唐木正文氏が監修している。なかでも、長野県産のうるち米を100％使用して作られる「花おはぎ」が話題。内容は日によって異なるが、「ぜいたく苺」など、7種類のおはぎが彩りよく並べられている。

① 黒を基調としたカフェスペース。② 八ヶ岳牛乳と八ヶ岳中央農業実践大学校で採れた有精卵を使用した下諏訪町プリン¥518。コーヒー¥486。③「花おはぎ」7個入り¥1,620。④ 南信州の天然氷を使った、夏季限定のかき氷も人気。写真は「ラズベリーピスタチオヨーグルト」¥1,296。⑤⑥ 80周年を迎えた老舗生花店『小林フラワーショップ』が母体。希少な花やグリーンを販売している。

DATA
☎ 0266・28・1188
🏠 長野県諏訪郡下諏訪町西四王4997-7
🕚 11:00〜17:00(L.O.)
休 無休　P あり
🚃 電車／JR中央本線下諏訪駅より
　　徒歩約10分、
　　車／長野自動車道岡谷ICより約15分
🌐 marusan.cafe/

大泉
長坂
小淵沢
高根
清里
白州
須玉
韮崎
原村　富士見
村　茅野
　夢科
　諏訪

☑ cafe ☐ restaurant ☐ bar

長野・諏訪市

コーヒーとおやつ
雑貨と家具 たまうさぎ

コーヒーとおやつ ざっかとかぐ たまうさぎ

ほっこりと懐かしい
古民家カフェで過ごす

大正時代に建てられた民家を改装した静かなカフェ。この店で味わえる"おやつ"は、全て店長の布施貴子さんの手作り。オールスパイスが入った香り豊かなマドレーヌ、ボリューム感のあるケークサレなどを味わえる「甘くないおやつ」は食事の代わりにもなる。「甘いおやつ」もコクのあるブラウニーやオートミールのクッキーなど、手作りならではのホッとする味わいだ。

① 欄間や障子などは昔のままのものを使用。② 甘くないおやつセット￥850〜。酒かすのクッキー、オールスパイスが入ったマドレーヌ、ケークサレ。これにコーヒーなどのドリンクが付く。③ 甘いおやつセット￥850〜。④ 木工作品や陶器、ガラス作品などの販売もしている。⑤ 懐かしい絵本や暮らしに関する雑誌など、オーナーや店長の好きな本が並ぶ本棚。⑥ 大正時代の民家を改装。

DATA
☎ 0266・75・2443
🏠 長野県諏訪市豊田有賀2476-1
🕐 10:00〜19:00
🈺 日、水
🅿 あり
🚃 電車/JR中央本線上諏訪駅より車で約13分、車/中央自動車道諏訪ICより約11分
🌐 tama-u.com/

長野・下諏訪町

カフェとホイスコーレ teltis

カフェとホイスコーレ テルティス

素朴な焼き菓子と
手芸の楽しみを味わう

　デンマークの教育機関「フォルケホイスコーレ」で知り合った唐戸友里さんと横山夏希さんが開いた、カフェと手芸教室の空間。カフェでは栄養士の資格を持つ横山さんが作る焼き菓子と入れたてのコーヒーを提供している。天然酵母を使ったマフィンやシナモンロールは甘すぎず、どれも素朴な味わいだ。手芸教室では刺繍や洋裁、ダーニング（お繕い）などを唐戸さんが教える。

① 北海道産の粉やバターを使うシナモンロール￥400は甘さ控えめ。② コーヒー￥500は1杯ずつネルドリップで丁寧に入れ、丸みのある味わいに仕上げる。③ 店内ではオリジナルの小物も販売。④ 横山夏希さん（右）と唐戸友里さん（左）。⑤ 繊細でかわいいデザインの刺繍は教室で学べる。デザインは唐戸さんが考案。⑥ 下諏訪の静かな住宅街にひっそりとある、一軒の古民家。

DATA
☎ 0266・75・1787
🏠 長野県諏訪郡下諏訪町320-13
🕐 水〜金10:00〜18:00、
　土日8:00〜16:00
🚫 月、火　🅿 あり
🚃 電車/JR中央本線下諏訪駅より
　徒歩約8分、
　車/長野自動車道岡谷ICより約11分

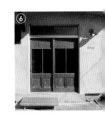

☑ cafe ☑ restaurant ☑ bar

長野・諏訪市

mandore
マンドール

特別な備長炭を用い
かりっと香ばしく焼き上げる

　スノーボードやサーフィンなどアウトドアを愛する、諏訪市出身の小平峻宏さんが営む焼き鳥店。2階ではアウトドアグッズも販売している。間伐材をもとに作られる「大黒新備長炭」を使って焼き上げた焼き鳥は、風味を逃さず内側はふんわり、表面はかりっと焼き上げられている。「THE DAY HARD CIDER」など、店主が各地で買い付けた個性的なお酒とともに楽しみたい。

① 焼き上げた串に使うのは、継ぎ足しで使ううま味が詰まった秘伝のタレ。②③1階は焼き鳥店、2階はアウトドアグッズを展開するショップ。④ 人気のポートランドのアウトドアブランド「PoLeR」のマグカップと、ポップなカラーのランタン。

DATA
☎ 0266・78・3166
🏠 長野県諏訪市上諏訪1753-3
🕐 17:00〜23:00(L.O.)
🏃 水、不定休あり　🅿 あり
🚃 電車/JR中央本線上諏訪駅より車で約8分、
　　車/中央自動車道諏訪ICより約9分
🏡 昼はカフェとして営業
　　(詳細はインスタグラム@mandore_waffle_standにて)

長野・諏訪市

あゆみ食堂

あゆみしょくどう

野菜がメインでも満足感のある料理

店主の大塩あゆ美さんは以前、東京を拠点に料理家として活動。イベントで諏訪を訪れたのをきっかけに、この街の魅力を知り移住をしたという。「有機野菜のたくましい生命力と深い滋味が気に入っています」と話すように、大塩さんが作る料理はこれら栄養豊富な有機野菜が主役。季節感溢れる葉野菜のサラダなど見た目からもおいしさが伝わってくる。

① 店主の大塩あゆ美さん。② 大塩さんの手仕事が見られるカウンター席。③ ランチ¥1,350。酒粕を使った野菜と鶏団子のクリームシチュー、ルッコラのペーストを入れたマッシュポテト、きのこのピラフなど。④ 諏訪のメイン道路に面した古いビルを改装し、店舗にしている。

DATA
☎ 0266-75-2720
住 長野県諏訪市元町5-12
営 11:30～15:00（L.O.14:00）（ディナーは要予約、要問合せ）
休 水、木、金、不定休あり
P あり
交 電車/JR中央本線上諏訪駅より徒歩約13分、車/中央自動車道諏訪ICより約10分

☐ cafe ☑ restaurant ☐ bar

🍴 🍷 🐾 🌙 👜 🏧 📱

長野・諏訪市

くらすわ本店
レストランくらすわ

くらすわほんてん レストランくらすわ

信州の素材をたっぷり使った
オンリーワンの料理たち

　信州ならではのギフトも販売するショップやベーカリー、カフェなどの複合施設。諏訪湖の景色を眺めながら食事を楽しめる2階のレストランは、ロケーション抜群。ランチでは信州の食材などをふんだんに使ったメインメニューを、野菜ビュッフェやドリンクバーとともに楽しめる。ジューシーなオリジナルのブランド豚肉「信州十四豚」を使った料理はとりわけ人気。

① 2階にあるレストランからは、諏訪湖を一望できる。② 信州十四豚のグリル¥2,200（ランチ）ほか、信州の素材の味を生かしたシンプルなおいしさの一品が揃う。③ こだわりのオリジナル商品を販売するショップ。④ 諏訪湖の夕景や夜景も心に刻まれる美しさ。

DATA
☎ 0266・52・9630（代表）
🏠 長野県諏訪市湖岸通り3-1-30
🕐 11:00〜15:00（L.O.14:00）、
　17:30〜21:00（L.O.20:00）※ショップは9:00〜19:00
🈺 水（ショップは不定休）　Ｐ あり
🚋 電車/JR中央本線上諏訪駅より徒歩約10分、
　車/中央自動車道諏訪ICより約15分
🔗 clasuwa.jp

☑cafe ☐restaurant ☐bar

🍴 🍷 ☕ 🌙 👜 📷 📶

長野・諏訪市

カフェと暮らしの雑貨店 fumi

カフェとくらしのざっかてん フミ

モダンとノスタルジーが交錯する美しさに満ちた空間

以前は東京のカフェで働いていた村上信之さんと妻の智美さんが、薬屋だった築90年の建物を改装してオープンした店。古い建物を再構築した空間は、モダンとノスタルジーが共存している。器や文房具などの雑貨は、智美さんのセレクト。カフェは信之さんの担当で、ハンドドリップで入れるコーヒーや自家製のスイーツは、一見でも丁寧に仕立てたことが分かる上等な味わいだ。

① ベルギー産クーベルチュールを贅沢に使用したチョコレートケーキは、ぜひカフェラテと共に。② 雑貨スペースでは、薬屋の古い薬棚などを利用。智美さんがセレクトする思わず手に触れたくなるようなナチュラルな品物を販売。③ 松本在住の作家・青木郁美さんの器ほか、全国の作家の器が並ぶ。④ 店主の村上信之さんと智美さん。⑤ 古い建物が並ぶ商店街を進むと現れる。

DATA
☎ 0266・75・2702
🏠 長野県諏訪市末広5-7
🕐 11:00〜17:00
🈡 月、不定休
🅿 あり
🚃 電車/JR中央本線上諏訪駅より徒歩7分、車/中央自動車道諏訪ICより約11分
🈁 夏期は週末夜の営業もあり

大泉
長坂
小淵沢
高根
清里
白州
須玉
韮崎
原村
富士見
茅野
蓼科
諏訪

□ cafe ☑ restaurant □ bar

長野・下諏訪町

本田食堂

ほんだしょくどう

地域の厳選素材を使ったおいしい創作料理

　下諏訪駅前にある『本田食堂』は古い建物を改装した店舗で、"食堂" と呼ぶには抵抗があるほどお洒落な佇まい。「本当は『ビストロ何々』とかにしたかったけど和の素材も使うし、ジャンルを決めたくなかったので」と笑うのはオーナーシェフの本田由剛さんだ。同店では地場のものをメインに使った創作料理を提供。メニューは週替わりのランチコースが¥1,800、ディナーは¥4,500のお任せコースが中心だ。

DATA
☎ 080・8729・6671
🏠 長野県諏訪郡下諏訪町広瀬町5382
🕐 11:30〜14:00、18:00〜22:00
🈺 日、月、火ランチ
🅿 あり
🚃 電車/JR中央本線下諏訪駅より徒歩約1分、車/長野自動車道岡谷ICより約11分

① 歴史的な建物をリノベしてお洒落な雰囲気に。② ディナーのアラカルト「信州黒豚肩ロース炭火焼」¥2,200。有機ケール、大根を添えマルサラソースでいただく。グラスワインは小布施のちゃぶ台1杯¥600。③ 自慢の一枚板カウンター。

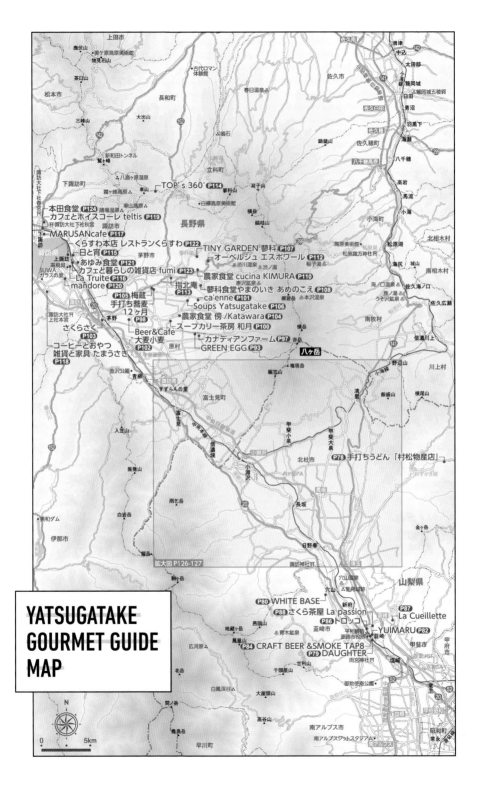

YATSUGATAKE
GOURMET GUIDE
MAP

本田食堂 P124
カフェとホイスコーレ teltis P119
MARUSANcafe P117
くらすわ本店 レストランくらすわ P122
TINY GARDEN 蓼科 P107
一日と宵 P115
オーベルジュ エスポワール P112
あゆみ食堂 P121
カフェと暮らしの雑貨店 fumi P123
La Truite P116
農家食堂 cucina KIMURA P110
mandore P120
指北庵 P113
蓼科食堂やまのいき あめのこえ P108
P105 梅蔵
ca'enne P101
手打ち蕎麦 12ヶ月 P98
Soups Yatsugatake P106
Beer&Cafe
農家食堂 傍/Katawara P104
スープカリー茶房 和月 P100
大麦小麦 P102
カナディアンファーム P97
コーヒーとおやつ
GREEN EGG P93
雑貨と家具 たまうさぎ P118

八ヶ岳

P78 手打ちうどん「村松物産店」

拡大図 P126-127

長野県

山梨県

P80 WHITE BASE
P88 さくら茶屋 La passion
P86 トロッコ
YUIMARU P82
P84 CRAFT BEER &SMOKE TAP8
P79 DAUGHTER
P87
La Cueillette

0   5km
N

125

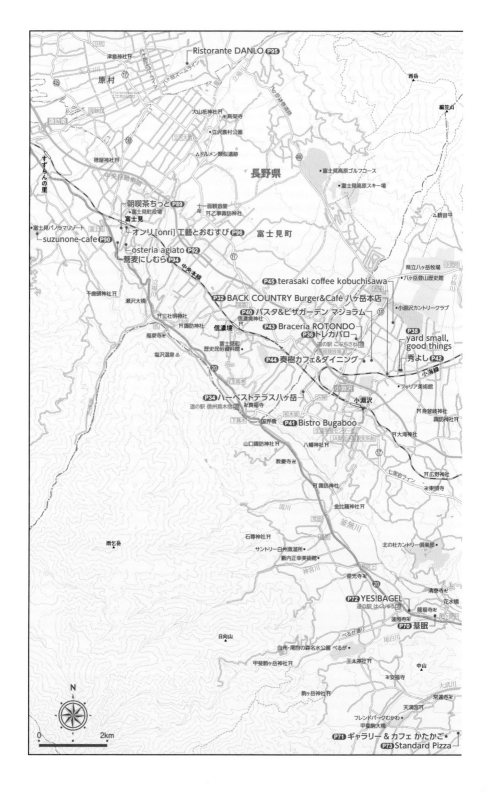

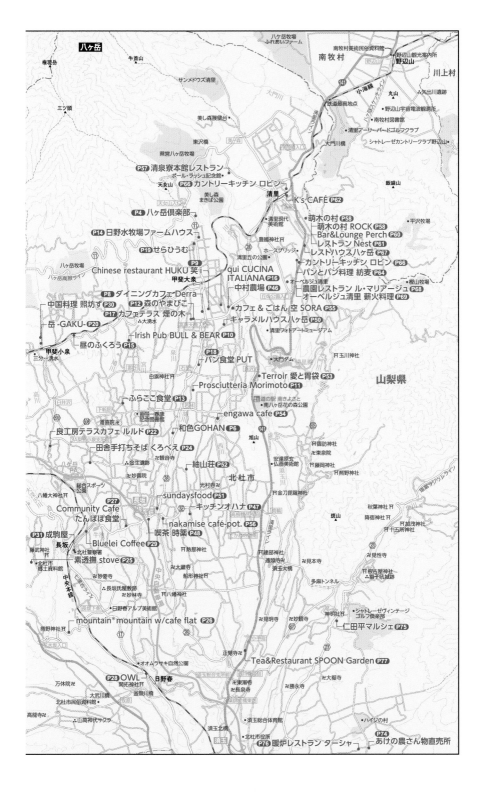

八ヶ岳

P57 清泉寮本館レストラン
P66 カントリーキッチン ロビン
K's CAFE P62

P4 八ヶ岳倶楽部
P14 日野水牧場 ファームハウス
P19 せらひうむ
Chinese restaurant HUKU 笑 P9
qui CUCINA
ITALIANA P16
P8 ダイニングカフェDerra
P30 中国料理 照坊ず
P12 森のやまびこ
P17 カフェテラス 煙の木
岳 -GAKU- P20
昼のふくろう P15
P18
パン食堂 PUT
Prosciutteria Morimoto P11
ふらここ食堂 P13
良工房テラスカフェ ルルド P22
田舎手打ちそば くろべえ P24
Community Cafe P27
たんぽぽ食堂
P31 成駒屋
Bluelei Coffee P29
素透撫 stove P25

mountain*mountain w/cafe flat P26

P28 OWL

萌木の村 P58
萌木の村 ROCK P58
Bar&Lounge Perch P60
レストラン Nest P61
レストハウスハヶ岳 P67
カントリーキッチン ロビン P66
パンとパン料理 紡麦 P64
農園レストラン ル・マリアージュ P68
オーベルジュ清里 薪火料理 P69
中村農場 P46
カフェ&ごはん 空 SORA P55
キャラメルハウス八ヶ岳 P50
Irish Pub BULL & BEAR P10

Terroir 愛と胃袋 P53

engawa cafe P54
和色GOHAN P6

紬山荘 P52

sundaysfood P51
キッチンオハナ P47
nakamise café-pot. P56
喫茶 時薬 P48

山梨県

北杜市

仁田平マルシェ P75

Tea&Restaurant SPOON Garden P77

P74
暖炉レストラン ターシャ P76
あけの農さん物直売所

127

Cafe, Restaurant & Bar
Yatsugatake Gourmet Guide
100

TOKYO NEWS BOOKS

企画・編集	株式会社ネオパブリシティ
編　　集	篠田享志・木下美由紀・安田淳・久保愛
デ ザ イ ン	髙田正基・栗山早紀（valium design market.inc）
地　　図	庄司英雄

八ヶ岳デイズ
厳選グルメガイド100店 最新版

第 1 刷　　2023年8月16日

著　　　者	八ヶ岳デイズ編集部
発 行 者	菊地克英
発　　行	株式会社東京ニュース通信社 〒104-6224 東京都中央区晴海1-8-12 電話 03-6367-8023
発　　売	株式会社講談社 〒112-8001 東京都文京区音羽2-12-21 電話 03-5395-3606
印刷・製本	株式会社シナノ